No somos tan buena gente

Un retrato de la clase media argentina

Diseño de tapa: María L. de Chimondeguy / Isabel Rodrigué

Edición al cuidado de Gabriela Vigo

JOSÉ EDUARDO ABADI - DIEGO MILEO

No somos
TAN BUENA GENTE

Un retrato de la clase media argentina

EDITORIAL SUDAMERICANA
BUENOS AIRES

PRIMERA EDICION
Junio de 2000

TERCERA EDICION
Diciembre de 2000

IMPRESO EN LA ARGENTINA

Queda hecho el depósito
que previene la ley 11.723.
© 2000, Editorial Sudamericana S.A. ®
Humberto I 531, Buenos Aires.

ISBN 950-07-1779-4

A mi mujer, Corinne,
y a mis hijas Florencia, Bárbara y María

JOSÉ ABADI

Para Norma, mi mujer,
y mis hijos Pablo y Julián

DIEGO MILEO

Agradecimientos

Para nuestra querida familia.

A Gabriela Vigo por su inestimable colaboración.

A Jorge y Susana Fleisman por habernos facilitado el espacio de trabajo.

Prefacio para ser leído

Las situaciones externas sirven de estímulo no sólo para repensar el espacio macrosocial sino también para repensarse uno mismo dentro de él. Así, el fin de siglo, cuatro períodos consecutivos de democracia y el vértigo de las transformaciones e incertidumbres de un mundo globalizado nos pusieron a reflexionar acerca de las encrucijadas que nos aguardan.

Observamos una Argentina que intenta desesperadamente despertar y que, más allá de su voluntad o atrapada en una sintomatología repetitiva de la que no puede desprenderse del todo, cae muchas veces en espacios de fracaso y desolación. Pero también comprobamos que muchos argentinos se resisten a que se repita una historia de frustraciones. Pretendemos formar parte de ellos.

Hemos sido testigos de cambios fundamentales que se han producido en estos últimos años. Y, ante ciertas amenazas de decaimiento y reiteración de síntomas que nos empobrecen, sentimos el deseo de no resignarnos y la voluntad de redefinirnos. Este libro pretende ser un diálogo, no solamente entre dos autores, sino también entre ellos y los otros argentinos.

Tiempo atrás nos parecía imposible poder vivir democráticamente y hoy lo hemos logrado. ¿Por qué no vamos a poder vivir mejor en otras áreas? Creíamos que estábamos poco menos que condenados a los golpes de Estado y, sin embargo, hemos descubierto que tal condena no existe. Entonces, la ausencia de la nor-

11

ma, la acidez de ciertos vínculos, la desaprensión de ciertos personajes y el atraso educativo deben quedar atrás.

La resolución de nuestros conflictos no será inmediata ni mágica, como habríamos deseado de acuerdo con nuestros viejos códigos, pero ya ha dado sus primeros pasos. Estamos refiriéndonos a un sujeto naciente dentro de cada uno de nosotros, que tiene una mirada inédita frente a nuestro pasado y, por lo tanto, una perspectiva distinta de nuestro horizonte.

Los espacios devastados por la acumulación de las mismas dramáticas circunstancias que no hemos sabido superar dejan de ser duelos inelaborables para transformarse en un desafío con propuestas originales. Desenmascarar esta problemática que se resiste a desaparecer de un modo definitivo es nuestro intento de contribuir a su transformación positiva.

Este libro es una propuesta para que reflexionemos sobre nuestras singularidades, contando también con nuestra experiencia individual en las áreas en las que nos desempeñamos y sin dejar de lado nuestras vivencias personales, espirituales y emocionales, que nos constituyen como sujetos. Pero, fundamentalmente, es el ejercicio de un diálogo entre dos argentinos que pretenden comunicarse con todos los otros y recibir, en una retroalimentación constante, ideas, sentimientos, críticas y aportes que testimonien que estamos en relación de semejantes entre semejantes, un vínculo que nos hace fuertes. Es un diálogo entre pares, y no una enseñanza de los que saben aquello que los demás desconocen.

Nuestra brújula es la pregunta, la reflexión, la duda, y transformamos el asombro en investigación creativa.

Los autores

Introducción al pensamiento mágico argentino
(Un diagnóstico para prevenirse de las ilusiones)

¿Cómo nos vinculamos los argentinos? ¿Cómo construimos nuestro espacio común? ¿Qué lenguaje empleamos y cuáles son nuestros códigos grupales?

La conducta del ser humano no responde a una sola causa sino a varias, y no siempre éstas son coherentes entre sí. Y sabemos que la pluricausalidad, multisignificación y presencia simultánea de factores, aun cuando puedan ser contradictorios, tienen consecuencias determinantes en la vida de un individuo.

> El sujeto nace en un mundo constituido por otros, un mundo de ideas y costumbres que él adopta e internaliza, si bien también es capaz de crear otras nuevas y propias. Los hábitos que proceden de aquellas ideas brindan una estabilidad enorme al comportamiento de todo ser humano.

Al enfocar nuestra atención principalmente sobre la clase media argentina, pretendemos estudiar ciertas conductas pasibles de ser diferenciadas, y señalar su significación latente, oculta, mediante descripciones y deducciones observables y verificables.

Al gran pueblo neurótico, salud

Existen conductas que el individuo padece, sufre, que le resultan incoherentes, incomprensibles desde la lógica, y, al no poder modificarlas en el corto plazo, se pregunta qué hacer con ellas. Hay otras que se hacen padecer a los demás pero sin que el sujeto tenga plena conciencia de esto; son rasgos que ha logrado sintonizar en su carácter. En psicoanálisis se las denomina "neurosis" y "caracteropatía", respectivamente.

En la psicología individual, pasar de la caracteropatía a la neurosis es una de las condiciones indispensables para que un sujeto se cure. ¿Por qué? Porque desde allí pone en ejercicio su propia indagación, en colaboración con su terapeuta, mientras que un caracterópata solamente puede cambiar la consigna desde el exterior de sí mismo, sin lograr una modificación profunda y estructural.

Es probable que, en la psicología profunda del argentino, las costumbres se hayan convertido sobre todo en conductas neuróticas, sintomáticas, y menos caracteropáticas, y por lo tanto pasen menos inadvertidas para nosotros. Y aunque nos parezca que no podemos remediarlas, al menos sabemos que nos perjudican y que debemos poner manos a la obra para intentar superarlas.

La Argentina está adquiriendo una mayor conciencia de su realidad. Antes se les otorgaban poderes absolutos a ciertas figuras idealizadas. Predominaba el pensamiento mágico. La fascinación sustituía al esfuerzo, lo que provocaba a corto plazo una tremenda desilusión. Hoy estamos optando por una mirada descubridora, que nos señala nuestros conflictos pero a la vez nos pone en condición de enfrentarlos.

La capacidad de descubrir los aspectos negativos, haciéndolos manejables, analizables y, posteriormente, modificables, es en sí misma un signo positivo. Así como evitar el ejercicio masoquista de autoinfligirse un castigo estéril, tendencia bastante arraigada en el argentino promedio. Es como si hubiéramos comenzado a generar, de un modo embrionario, un aspecto reparatorio, intención que se manifiesta en la necesidad de dejar de lado el ocultamiento y aceptar adultamente la verdad.

La capacidad de investigar sobre las propias conductas, y esclarecerlas, significarlas, es una de las condiciones que necesitamos los argentinos para desarrollar nuestra propia identidad. Tenemos que entendernos como una sociedad en conflicto y en tránsito, dejando de lado el ocultamiento y la negación de la realidad.

Muchas veces, el argentino ejerce una acción destructiva y sintomática con respecto a su país, a los otros y a sí mismo. Esto deriva en una pérdida de su autoestima, de su propia imagen, manifestándose en términos de odio a sí mismo, a la nación y a los demás. Representa un orden de frustración fuerte, de esperanza agotada, de pérdida de las ilusiones y de sueño no realizado. Pero, ¿cuál es el sueño no realizado de los argentinos? ¿Qué es lo que no se logró? ¿Qué quedó en el camino? ¿Por qué? Este libro es un intento de responder a algunas de estas preguntas. No a todas: eso sería ser "demasiado argentinos".

Figuras carismáticas, se buscan

La fantasía omnipotente del argentino es que está predestinado a ser el mejor y a tener una potencia ilimitada, y que no logró realizar ese supuesto destino de gloria por algún avatar, por mala suerte o simplemente por la ineptitud de otras personas. Esta fantasía omnipotente tiene que ver con la expresión de un deseo infantil, y, en la medida en que el sujeto queda atrapado en ella, no pasa a la acción específica que llevaría a que un deseo se convirtiera en una transformación real.

Normalmente, este tránsito parte de una experiencia infantil (en la cual uno sería objeto de la dedicación de una madre todopoderosa) que evoluciona hacia el reconocimiento de la finitud, de los límites, de la noción de intercambio, de carencia, de deseo, y se expresa a través de impulsos que tienden hacia un logro mediante una determinada acción o trabajo.

Antes de la instalación de los límites, el niño se encuentra incluido en situaciones primarias y anhelante de deseos mágicos por parte de la madre. El padre o, mejor dicho, la función paterna, tiene que promover que el deseo se convierta en trabajo, no a través de la arbitrariedad, la fuerza o el autoritarismo, sino del ejemplo, de la presencia, del amor, de la norma y de la autoridad en el sentido genuino y democrático de la palabra.

Esta función paterna, normativa u ordenadora no se ha realizado en algunos individuos, quienes han querido pensar que aquella fantasía omnipotente quedó interrumpida o imposibilitada por culpa de otros o por situaciones ajenas a ellos. Esto demuestra que ha faltado una inclusión suficientemente fecunda en el seno de lo que es la norma y el trabajo. En último término, parece haber estado ausente la voz reguladora (en el sentido normativizador, ordenador, no autoritaria, sino presente) que podría haberlos arrancado de posiciones infantiles para incluirlos en posiciones adultas. Las consecuencias patológicas son las personalidades envidiosas, litigantes y en permanente reclamo.

Así, los argentinos somos como niños que constantemente fantasean con una madre todopoderosa que debe estar enteramente dedicada a nosotros. Y en esta experiencia de satisfacción mágica, tenemos todo y somos todo. Pensamos que, por algún motivo ajeno a nosotros, se ha producido una especie de cortocircuito o accidente que condujo a nuestra situación actual, cuando en realidad lo que sucede es que no hemos ingresado de un modo pleno en el ejercicio de una función para pasar de los niveles de deseo, fantasía e imaginación a la renuncia. La clave es dirigir el esfuerzo y la acción específica para conseguir ciertos objetivos acordes a nuestro talento y capacidad.

La actitud infantil también se pone en evidencia en el hecho de no sentirnos responsables de las consecuencias de nuestros actos o de suponer que las cosas "nos caen del cielo". Así, lo nutricio y lo placentero parecen haberse convertido en un modelo de funcionamiento de la sociedad argentina, una especie de fiesta entre la cuna y la tumba.

Cuando no se ha podido realizar este pasaje del plano de la fantasía omnipotente, o la aceptación de ciertas frustraciones que tienen que ver con el principio de realidad, ese ejercicio ineficaz del padre será sustituido por algunas figuras lamentables, como por ejemplo, políticos caídos en el descrédito, caricaturas violentas y paternalismos carismáticos propios de las demagogias anacrónicas. A su vez, esto conduce a un escaso crecimiento de la sociedad, que se ve limitada por el personalismo y la promesa, en lugar de enriquecerse con ideas y proyectos colectivos.

Un ejemplo en este sentido es que cuando en la Argentina alguien inicia una actividad pretende hacer dinero inmediatamente, sin demora. El concepto de triunfador se asocia entonces al de cazador fugaz, alguien que obtiene cosas muy rápidamente, y no a aquel que elabora un proyecto durante un tiempo y luego lo lleva a cabo prolijamente. No a alguien que triunfa dentro de la comunidad, beneficiándola y generando un crecimiento de aquélla como conjunto. Se trata de un éxito exclusivamente personal y que redunda sólo en el propio beneficio.

No es casual que una de las profesiones de menor prestigio en la Argentina sea la de investigador. El estudio, el esfuerzo, la paciencia, no constituyen figuras prestigiosas. La Argentina tiene urgencia, necesidad de inmediatez, pero hay una demora que exige el principio de realidad y que no se lleva bien con el narcisismo del argentino. El deseo de gratificación inmediata aleja de posiciones más adultas, con las que todo sujeto debería moverse. En definitiva, estaríamos atrapados en situaciones narcisísticas reclamando el paraíso, un paraíso instantáneo logrado sin esfuerzo.

Esto se vincula con la envidia (de la que hablaremos más adelante), una envidia infantil, primaria, muy elemental, conectada con las posesiones, y no una envidia comparativa de valores. Es un sentimiento que corresponde a la fantasía: "me robaron el lugar"; un resentimiento y un rencor debido a carencias que no son vividas como lógicas y normales, sino como abandono y traición.

Viejo, mi querido viejo

El déficit principal es entonces la ausencia de la función paterna. Esta ausencia conduce, por un lado, al entronizamiento de caricaturas sustitutivas y, por otro, a una inserción inmadura en la realidad, inserción movida fundamentalmente por el pensamiento mágico.

El padre tiene la función de transmitir, proteger, cuidar y de otorgarle al hijo las herramientas para que éste pueda empezar a construir su propio destino. Tiene la responsabilidad de no obstaculizar el crecimiento de ese hijo, de ofrecerle algunas respuestas y concederle el permiso de hacer preguntas. El padre debe poder ser cuestionado, y permitir de ese modo un proceso de renovación y crecimiento. Tiene que saber que hay alguien que le sigue, que él no es eterno, que ese otro es testimonio de su finitud, y que lo cuestionará pero también tomará parte de lo que él diga, permitiéndole así trascender. Cuando un padre no puede tolerar esta evolución, cuando no puede ceder el lugar y no admite la pregunta del hijo, lo liquida o lo convierte en un dictador (identificación mediante).

Abandonar al hijo equivale a cargarlo de una vivencia de soledad, de desesperación y de violencia. Y no cumplir con la responsabilidad de transmitir los valores es una actitud de abandono. No es casual que los factores reivindicatorios para enfrentar la violencia hayan partido de las mujeres. Se habla de "las Madres de Plaza de Mayo" y no de los padres de Plaza de Mayo, de modo que en nuestro país el nexo entre la memoria y la reparación ha sido sin duda la mujer.

Paraíso a la argentina

Quizás el sueño no realizado de los argentinos, todo aquello que quedó en el camino, sea producto, más que de su incapacidad de realización, de una mala evaluación de esa realidad, evaluación en la que estaría ya presente la imposibilidad de llevar a cabo determinados proyectos. Creer en lo fortuito, en "pececitos de colores", en cosas de difícil cumplimiento, pone de manifiesto un exceso de confianza infantil y tiene un costo alto.

El pensamiento sostenido en la razón, el pensamiento fundamentado, es característico de la ciencia. En él juega un papel fundamental lo que se denomina "el juicio de realidad". Este pensamiento tiene un sentido y una intención que toman en cuenta la realidad perceptual; también posee un método que concibe a la razón como su herramienta primordial, y su veracidad depende de la verificación concreta o bien de su alta dosis de probabilidad.

A éste se le opone el pensamiento mágico, un pensamiento infantil cuyo eje atraviesa únicamente el cumplimiento de los deseos. Vale decir que la expresión de los deseos es en este caso la fuerza motora de las percepciones y las deducciones. Opera con el proceso primario, vinculado con el mundo de las fantasías y de los sueños, y desoye la realidad para refugiarse, en cambio, en aquello que se anhela, que, insistimos, es expresión del mundo de los deseos infantiles.

El pensamiento mágico podría estar articulado de un modo no pernicioso con lo que es el pensamiento razonado o científico, pero cuando el sujeto pretende organizar su vida teniéndolo como único referente, puede ser altamente perjudicial para él. La fantasía forma parte del trabajo psicológico de una persona, pero ésta debe quedar comandada por un yo consciente, razonable, que utilice el pensamiento coherente como guía. Cuando todo pasa por la fantasía, por el mundo de los sueños y los deseos, indefectiblemente el sujeto se estrella contra la realidad. "El que no quiera ver las cosas poco a poco, va a tener que verlas de golpe", dice el refrán...

Dicho de otro modo, existe un pensamiento que reconoce la realidad, su sentido y criterio, y que opera con un juicio coherente con dichos elementos, y otro que se mueve simplemente con los deseos, un proceso primario que intenta ver la realidad de acuerdo con las fantasías y los anhelos.

> Muchas veces, interpretamos la realidad no ya valiéndonos de la razón y en función de determinados referentes, sino de acuerdo con lo que queremos y deseamos. El resultado de esta distorsión es el fracaso. Los argentinos percibimos la realidad de acuerdo con nuestros deseos, obviamos una serie de referentes necesarios y nos lanzamos a la aventura de la improvisación. Y de allí a la frustración hay sólo un paso.

De acuerdo con esta evaluación equivocada, las cosas que nos salen mal serían producto de la fatalidad, nunca el resultado de nuestras acciones. Pero

21

cuando analizamos la cadena de sucesos, advertimos que ésta tiene desde el principio una intencionalidad. Una intencionalidad no reconocida, puesto que los protagonistas no reconocen la intención que pusieron en sus acciones, sino que las trasladan al orden de la fatalidad. Suponen que es el destino el que les ha jugado en contra, y en este tipo de planteos no hay lugar para la culpa.

En el argentino se daría como conducta la evocación de un pasado mítico, un tiempo en el que las cosas marchaban bien para todos en forma individual. Esta especie de leyenda de un mundo cercano al paraíso, donde todo estaba solucionado, se sostiene justamente en la negación de la realidad, característica de los momentos de crisis. Aquel paraíso perdido, que procedería (por oposición) de nuestra condición de inmigrantes (o hijos de tales), es uno de los mitos más fuertemente arraigados en nosotros. Pero ese pasado ilusorio que vive en el inconsciente grupal no es otra cosa más que el producto de la transformación defensiva del dolor en un mundo maravilloso.

"Nosotros no comemos vidrio"

En la gran familia argentina, los hijos acusan a los padres de haber sido incapaces de formar para ellos el país que anhelaban, un país sostenido en la libertad y la responsabilidad. Pero en este momento, por más contratiempos que tenga el sistema democrático, es evidente que los ciudadanos están dispuestos a defenderlo. Lo cual habla de una maduración del sentido político, ya que se requiere de cierto grado de crecimiento y adultez para impedir que, en el área de las decisiones políticas, algunos personajes sean los depositarios de fuerzas sádicas que terminarán ejer-

22

ciendo sobre el ciudadano. Este hecho ha producido un sentimiento de relativo bienestar de una generación respecto de sus hijos, ya que desde hace más de quince años ellos viven en ese país democrático en el que nosotros siempre anhelamos vivir y por el que pagamos un precio muy alto.

Gran parte de las malas costumbres que intentamos enunciar y describir están disminuyendo su intensidad. El argentino empieza a cuidar de su país. Es notable la capacidad que ha demostrado de generar una mayor exigencia y control sobre el poder político. Antes, el electorado era cautivo del poder; hoy ya no estamos condicionados, como si de pronto hubiésemos descubierto que tomar una decisión significa tener muchos factores en cuenta y no sólo los emocionales. El hecho de que la gente apueste por la gobernabilidad, y no por la simpatía que le despierta el candidato, nos ubica ante un síntoma de madurez.

Hemos recuperado un aspecto de nuestra dignidad que por mucho tiempo fue dañado y que se asienta en la memoria y en los límites. Ya "no comemos vidrio", es decir, que cada vez más el poder político tiene que responder por sus acciones. De alguna manera, la gente se ha convertido en una nueva autoridad, generadora de un control que antes no existía.

Río por no llorar

Las conductas autodestructivas con autorreproche están ligadas a la melancolía, a la depresión y a un nivel de pérdida narcisístico muy importante. La melancolía está asociada en parte a la idea del exiliado en su tierra, de aquel a quien no se le habría dado lo que merecía. En algunos casos se pasa del sentimiento de inferioridad, inhibición y vergüenza a la manifestación exterior de la defensa frente a dicho sentimiento como denigración de los otros. También se puede optar por un ensalzamiento ingenuo e infantil de esos otros, siempre a los fines de protegerse de la sensación de vergüenza e inferioridad. El tercer aspecto de esta conflictiva del argentino y su destino estaría dado por el hecho de identificarse con un juez sádico, una especie de conciencia crítica distorsionada y violenta.

A veces (sintomáticamente), el timón de los argentinos está en manos de su aspecto desvalorizado, otras del infantil-reactivo y otras veces del sádico superior. Todos estos son núcleos de la personalidad que, en determinados momentos, pueden cristalizarse en personas o símbolos.

Pero no todo es un "bajón". Algunas de las situaciones que enfrentamos las resolvemos mediante salidas positivas y reparatorias. Una de esas salidas reparatorias es precisamente el juego autocrítico a través del humor, mediante el cual es posible desnudar y expresar muchas cosas de un modo sublimado. Se recurre a la risa como herramienta de descubrimiento y a la vez de descarga. La capacidad plástica de supervivencia, el sentido del humor que permite flexibilizar los temas difíciles, el hecho de reírnos de nosotros mismos, todo eso constituye un "botiquín" reparador que guardamos.

En ciertos casos, esta expresión humorística puede tener una forma ambivalente, ya que si bien se realiza con profundidad e inteligencia, en ocasiones adopta un carácter demasiado abrumador e impide instalar un espíritu reparador y de cambio. En ese sentido, el humor puede ser una salida o una alternativa inteligente siempre que no seamos deglutidos por el superyó sádico, que se enoja con nuestros aspectos menos valiosos.

24

Veinticinco años atrás, Tato Bores describía las costumbres que estaban vigentes entonces y esas pinturas resultan fieles descripciones de la vida política y social de la Argentina de hoy. Así, vemos que el mecanismo positivo consistiría justamente en lograr reconocer los aspectos negativos.

El humor es una de las formas de ejercer la autocrítica dado que le permite al individuo acercarse a sí mismo para analizar sus defectos. En un primer momento, puede resultar imposible efectuar dicha autocrítica de un modo maduro, haciendo el balance de lo positivo y lo negativo, entonces se la ejerce desde el área de humor. En ese sentido es que el humor es una salida saludable, que nada tiene que ver con el ejercicio sádico de la instancia crítica del que hablábamos al comienzo.

La autocrítica es un sistema indispensable de crecimiento, y ha ido de la mano de todas aquellas colectividades y países que se han desarrollado y crecido. No forma, desdichadamente, parte de nuestro equipaje personal y grupal. La autocrítica es un componente integrativo de la madurez, porque permite reacondicionar circunstancias y fuerzas, rever actitudes, para pasar a una etapa de mayor autoconocimiento y relación con los demás. De ahí que sea prácticamente indispensable en este paso de nuestro desarrollo como país.

Pero hay que destacar que la autocrítica no apunta a la perfección. Curiosamente, pretenden ser perfectos aquellos que más imperfectos son. Conviene diferenciar la autocrítica de la instancia crítica agresiva y destructiva, donde el sentimiento de desvalorización en el sujeto produce una especie de disociación en la que una parte se identifica con el yo desvalorizado y la otra, con el yo desvalorizante. Este último es el encargado de ejercer un cuestionamiento sádico, cuya finalidad no sería el crecimiento sino la destrucción.

La exigencia de perfección es un imposible, mientras que la noción de los límites, de las incompletudes, la necesidad de lo complementario, el reconocimiento de que lo grupal es más importante que lo solitario, supone un sujeto con una fuerte autoestima. Desde ahí sí sería posible ejercer una mirada introspectiva, donde la crítica sea vivida de un modo enriquecedor. Desde un lugar de desvalorización, no es más que defenestración y entierro.

Y como lo que no mata, fortalece... ahí vamos.

Buenos Aires, la capital del Brasil
(Identidad más que reservada)

Desde el punto de vista individual y subjetivo, el precio de la libertad es una cuota de angustia. La identidad está ligada a la autonomía, a la libertad, a cierto grado de imprevisibilidad y de incógnita, y, en la medida en que tiene que ver con la independencia, nos obliga a afrontar situaciones inéditas.

> Cuando rechazamos esa cuota de incertidumbre, de futuro desconocido, entonces apelamos a un nivel de dependencia que nos instala en un imaginario lugar protegido y nos sumerge en la pasividad y el sometimiento. El precio de esta sumisión es una identidad deficitaria, aliada a una suerte de "no-identidad colectiva" que se identifica con el deseo de aquel que nos somete.

Tener identidad significa cuestionarse, construirse, y va conformándose a partir de lo que recibimos y metabolizamos, para lograr poco a poco liberarnos de las dependencias infantiles y diferenciarnos.

Desde el punto de vista social, tener identidad supone básicamente la noción de semejante, sus deberes y derechos. El individualismo responsable propone aceptar cierto nivel de angustia como algo inevitable, ya que esa angustia, ligada a la noción de semejante, permite establecer vínculos éticos y solidarios que nos ayudan a crecer. Y en la medida en que moviliza nuestra imaginación y la posibilidad de conformar alternativas nuevas, también nos ayuda a crear.

Es preciso aceptar entonces este caos inicial vinculado con la creatividad para no quedarnos anclados en una situación anterior y poder ingresar en la búsqueda. Imprevisibilidad y desconocimiento generan la posibilidad de utilizar nuestras reservas imaginativas para no ser un país de copiones, sino de inventores con identidad propia. Y no como decía Groucho Marx: "Éstos son mis principios. Si no les gustan... tengo otros".

La Odisea *argentina*

Existen innumerables mitos fundantes de nacionalidades e identidades. Los pueblos necesitan del mito, y todas las grandes culturas que han perdurado y dejado su sello lo han tenido. Cuando hablamos de mito, no aludimos a una caricatura infantil que otorgaría sentido a un grupo, sino a cierto orden o historia espiritual que articula y cohesiona las voluntades, que brinda a los sujetos el sentimiento de que forman parte de algo que los trasciende y les confiere identidad. Este mito fundante tiene que ver con lo cultural, entendiendo por cultura aquello que se opone a la fuerza y se despliega a partir de la palabra.

Los griegos creían en la existencia de algo que iba más allá del dato empírico, una suerte de misión trascendente que los apartaba de la inmediatez, de lo cotidiano y lo biológico. Y crearon una épica que los aproximó a los dioses. Cuando Grecia cayó bajo la dominación de los romanos, el emperador Octavio se preguntaba cómo era posible que la tierra conquistada se proyectara en forma poderosa sobre aquellos que habían obtenido la victoria mediante la fuerza de las armas. Concluyó que el mito fundante del pueblo griego era lo que le otorgaba a éste una potencia peculiar. Roma sólo podría perdurar y convertirse, no en una potencia militar, sino en un imperio, mediante la adquisición de una cultura propia y la creación de un mito fundante que se expresara en la literatura, lo cual le daría identidad y trascendencia.

Octavio decidió entonces encargarle a su asistente, que estaba al frente del proyecto cultural de lo que sería luego el imperio, que encontrara "un mito romano". El asistente le solicitó a Virgilio la creación de "una *Ilíada* y una *Odisea* propias", prometiéndole que, si aceptaba, sería colmado de privilegios. Virgilio aceptó y Roma tuvo la *Eneida*, una obra que le brindó al imperio su trascendencia mítica. Sin ella habría sido imposible instalar una cultura y una identidad que le permitieran perdurar en la historia.

La Argentina no tiene nada de esto, y la ausencia de una visión supraindividual podría estar emparentada a si los argentinos quieren hacer la América o "hacerse la América". La generación del ochenta, por ejemplo, marcó una época en la que se forjó un país con sentido, dado que fue entonces cuando se comenzó a reflexionar acerca de cómo debía pensarse la Argentina hacia el futuro. Pero aquel modelo era más bien la expresión de una época.

Inversamente a lo que ocurrió en la antigüedad clásica, cuando Grecia fue la invadida pero Roma la conquistada, los argentinos del siglo XIX partían al exterior impulsados por la idea de copiar un modelo de sociedad y de país para aplicarlo luego en la Argentina. Ése fue el sentido de la modernidad en esta parte del mundo, donde el progreso no se generaba en casa sino que se trasladaba desde aquellos lugares donde hubiera sido probado con éxito. Tal vez sea por esto que las biografías de muchos argentinos eximios se cierran en el exterior. Es lo que ocurrió con San Martín, con Moreno, con Sarmiento y hasta con Gardel, como si la muerte pudiera otorgar una identidad de la que se carecía.

Desde luego que existen autores nacionales, pero lo cierto es que hemos fundado un país cuya organización involucró proyectos de modernidad trasplantados desde Europa y Estados Unidos. Y a pesar de ello, las ideas de los viajeros ilustres de ninguna manera eran consideradas foráneas.

Los parientes pobres

La pregunta sería por qué, para obtener un estatus válido, el reconocimiento siempre tiene que provenir del exterior.

¿Qué le confiere a la palabra del otro (no solamente de un otro distinto de uno, sino de aquel que está fuera de nuestro contexto nacional) el carácter de juez? ¿Por qué nuestra opinión vale tan poco? ¿Es producto de un complejo de inferioridad? ¿Somos los hermanos pobres, siempre necesitados de la constante aprobación del pariente rico? ¿Es sólo una búsqueda de aval, o tenemos una sensación de falta de identidad, lo cual nos impelería a "robar" una pertenencia para sentir que existimos?

En la Argentina, la baja de la autoestima, la duda permanente sobre el propio valor, es un tema de fondo. Lo más curioso de los argentinos es que cuando están en el exterior y escuchan a otro hablar español huyen

rápidamente o se esconden para no ser descubiertos.
No es entonces un orgullo encontrarse fuera de casa
con otro argentino, porque él definiría, a modo de es-
pejo, nuestra propia condición de "pariente pobre". Y
esto habla de una autoestima deficitaria. De ahí esa
especie de deporte vergonzante de andar rompiendo
espejos...

¿Por qué no tenemos una vivencia digna de quiénes somos? ¿Qué es lo que nos impide sentir orgullo?
¿Por qué no es lo mismo para nosotros una investigación realizada en Villa Lugano que una efectuada en
Washington, aunque el resultado sea similar? La sensación es que el argentino, dentro de sus fronteras,
está atrapado en un marco mediocre. A esto nos refe-
ríamos cuando hablábamos de la ausencia de un mito
fundante. José Ingenieros ya había señalado que esa
mediocridad podría resultar un lastre para todo aquel
que quisiera destacarse. Así, el reconocimiento desde
el exterior otorgaría patente de autenticidad.

Cuando un argentino que triunfó en el extranjero
visita su país, es como si regresara el hijo pródigo. Lo
curioso es que la reacción de los que se quedaron no es
la crítica sino una inmediata aprobación. Y a la inver-
sa, si se quedó —piensan—, es porque no sirve para
nada. No es que felicitemos a quien vuelve porque nos
quiere, sino que aplaudimos su coraje por haberse ido
y admitimos que merece el paraíso.

Los argentinos tenemos con los argentinos radica-
dos en el exterior una relación muy peculiar. En el
imaginario colectivo, sentimos gratitud porque ellos le
harían saber al mundo cuánto valemos. Si a César
Milstein, premio Nobel de Medicina, le propusieran
radicarse en la Argentina, seguramente se moriría de
risa. Héctor Bianciotti, escritor de origen cordobés que
hoy es miembro de la Academia Francesa, tuvo que
irse del país porque de sus compatriotas sólo recibía

acusaciones que le imputaban ser apenas un imitador de Borges. Pero la difamación y el desmerecimiento remiten no tanto al destinatario como a quien difama y desmerece, y tienen que ver con su baja autoestima.

Aquellos a quienes aplaudimos porque suponemos que nos dignifican frente a los demás en realidad se han ido porque no encontraron un espacio adecuado para desarrollarse, y esto habla de nuestra permanente necesidad de crear ídolos que nos sirvan para valorizarnos. Si alguien tiene éxito afuera y no vuelve nunca más, nosotros, empáticamente identificados, creemos que también formamos parte de su mundo mejor. Somos extranjeros, de modo subsidiario, a través de nuestros ídolos.

Cuando un argentino triunfa en el exterior se produce en quienes se quedaron una pequeña distorsión de la objetividad, que consiste en creer que vayamos adonde vayamos somos Gardel, y que con lo que llevamos dentro cualquiera de nosotros podría destacarse y triunfar en cualquier tarea que emprenda. Nadie en otros países hace esta clase de contabilidad. Más bien al contrario; en España, por ejemplo, el ciudadano que emigra es considerado un desclasado. Dejando de lado el franquismo —época en que el exilio tenía una justificación política—, hoy no es prestigioso para alguien que haya nacido en España residir fuera de ella, sino que lo más reconocido es triunfar en el país de origen.

Durante mucho tiempo, la educación argentina compitió exitosamente con los países desarrollados. Era, objetivamente, la mejor de América latina. Los médicos que se recibieron en nuestra facultad pública son grandes especialistas de los centros hospitalarios más importantes de los Estados Unidos, y en todas las áreas la Argentina ha brindado al mundo excelentes profesionales. Y si bien vivimos contabilizando a los argentinos dispersos por el mundo porque son nuestros referentes válidos, en ningún momento tenemos una sensación de pérdida.

¿Cómo se asume la propia valoración de la nacionalidad si no es transferida de un modo valorable? En la Argentina, ¿los padres transmiten a los hijos un sentimiento de estima por el país en el que viven? Convengamos en que la sensación es de gran ambivalencia y profunda decepción, algo así como "pudo haber sido y nos jorobaron", "el asunto no salió como debía haber salido...". Circula un chiste muy duro pero que describe bien la situación: (Pregunta): "¿Cuál es la salida de la Argentina?" (Respuesta): "Ezeiza". Entonces, para nosotros, la solución siempre está en otro lado. Expulsamos del hogar a nuestros hijos diciéndoles que, si pueden irse, que lo hagan sin pérdida de tiempo porque aquí no hay futuro. El argentino parecería vivir de acuerdo con la idea de la urgencia, de lo inmediato y en un presente absoluto. Para qué construir si el terreno es arenoso, ¿no?

Arenales y Callao, París, Londres... su ruta

La posición del argentino frente al mundo es conflictiva, porque parecería tener de sí mismo la imagen o la representación del exiliado, como si fuera un europeo que fue obligado a emigrar del Viejo Mundo y pensara regresar algún día. Eso lo ubicó en una situación bastante paradójica: no es europeo porque se encuentra en América del Sur, pero tampoco es sudamericano porque, supuestamente, ha logrado trasladar Europa a la Argentina.

Esta imagen es un pensamiento ilusorio que nunca tuvo su correspondencia con lo que pensaban los europeos. Cuando un argentino viaja a Francia y comenta: "Nosotros nos parecemos mucho a ustedes, Buenos Aires es similar a París", el parisino responderá: "Buenos Aires, Buenos Aires... ¿la capital de Brasil?" Vale decir que no existe una reciprocidad que le otorgue validez objetiva a esta fantasía de haber construido aquí una suerte de "copia del mundo verdadero", lo cual testimonia un aspecto mucho más dramático del exilio del argentino, que es que en realidad es un exiliado permanente y en todo lugar. No es un exiliado fuera de su tierra, sino dentro de ella.

Todo esto provoca una vivencia —que comienza a potenciarse aun antes de las pautas posmodernas— de aislamiento y de soberbia cuyas consecuencias en las relaciones que se establecen son notorias. Es como si no hubiéramos logrado privatizar para nosotros mismos lo principal, que es nuestro país. Nadie siente a la Argentina como algo propio. Se tiene la sensación de que nuestro país es la embajada de Europa en América, algo así como un premio consuelo. La incapacidad de vivir como propio lo propio es la gran fisura que tiene el argentino con su destino interior.

Los inmigrantes que llegaron a la Argentina venían de una Europa envuelta en guerras y empobrecida, y se instalaron en el país de la esperanza para soñar con volver y volver a soñar. Pero luego, el Viejo Mundo renació y ésa fue su gran ironía. El chiste dice que si nuestro abuelo se hubiera quedado allá, hoy nosotros residiríamos en París. O en los Estados Unidos, dado que el error habría sido del tipo que manejaba el barco. De ahí el eterno impedimento a la hora de valorar lo nuestro, como si todavía no hubiese habido la cantidad necesaria de generaciones nacidas en la Argentina como para que exista una distancia "genética" o una memoria "biológica" que nos permita poner los pies en nuestra tierra de modo definitivo.

Esa sensación del paraíso perdido que tiene el argentino constantemente, de que la felicidad está en otra parte, afecta todos sus proyectos. Sin embargo, parte de un malentendido, ya que la Argentina no queda en Europa. Por eso decimos que lo malo es que estemos "en el culo del mundo". Y agregamos, como para que no queden dudas: "Y así nos va...".

¿Y a vos, quién te conoce?

En este momento en que las distancias se acortan, la fantasía del argentino podría ser, *shopping* mediante, que finalmente ha concretado su sueño de integrar el Primer Mundo. Pero una vez más estaríamos frente a un pensamiento mágico, con las naturales imposibilidades de creatividad y desarrollo que el falso *self* y la ajenidad respecto de uno mismo provocan.

El tema de la identidad tendría entonces para el caso de los argentinos dos aspectos fundamentales: por un lado, el grado de valorización que conlleva la identidad que queremos poseer y, por el otro, el grado de desvalorización que tiene aquella que realmente poseemos.

Ya hemos señalado nuestra necesidad de reconfirmación constante de supuestos sujetos valorados afuera, a través de una identificación con ellos, para poder sentir que formamos parte de algo valioso. Esto incluso a riesgo de quedar expuestos a ser aquello que tememos ser, que, curiosamente, consiste en pertenecer al lugar geográfico al que pertenecemos y sostener los vínculos tradicionales e históricos que efectivamente tenemos. Nuestros vínculos históricos se establecieron con chilenos, peruanos y latinoamericanos en general. Pero cuando en lugar de enorgullecernos esto nos provoca una vivencia de desvalorización, nos deja en un lugar de extrema debilidad porque nos fuerza continuamente a vivir en un mundo de fantasía. Jugamos a que somos lo que no somos, nos sometemos a permanentes búsquedas de reconocimiento, sentimos que podemos quedar expuestos a una identificación con lo desvalorizado y envidiamos a aquellos que están donde desearíamos estar; en síntesis, nos asalta un gran resentimiento si no nos reconocen, en una identificación con el opresor desvalorizante que tiene un signo excluyente hacia nuestros vecinos.

Se trataría de un amor desmedido por lo falso, porque en realidad deseamos lo que no somos. Borges decía que parte de la identidad de los argentinos es amar la literatura inglesa. La identidad se asentaría en que el deseo está puesto en el área extranjera, una zona que no es la propia. Esto tiene que ver con la envidia, porque la forma en que el argentino elabora esa fantasía de un mundo deseado, del paraíso europeo o el perfecto o cultural, es justamente convirtiéndolo en propio. ¿O será que somos la memoria de nuestros antepasados europeos...?

Las situaciones paradójicas que se generan provienen entonces de suponer que la Argentina es una prolongación de Europa, de la que se imaginó que formaba parte, o un lugar de vacaciones en el cual se estaría transitoriamente hasta regresar al verdadero lugar de pertenencia. Nos hemos situado en un espacio de ajenidad respecto de nuestra propia tierra y establecemos una distancia compleja con las otras personas que viven aquí.

La identidad evoluciona a través del tiempo. No es que el argentino de pronto se despertó y quiso ser europeo. Todos los factores de poder, las circunstancias que rodearon la vida política, social y económica de la Argentina en cierta forma lo guiaron en esa dirección. Los ilustres viajeros argentinos de los que hablábamos partían hacia el Viejo Mundo movidos por la idea de copiar otros modelos de funcionamiento de la sociedad porque creían que aquí no había posibilidad de generar conceptos propios en ese sentido. Había que trasplantarlos, de modo que toda la historia argentina se sostiene en el movimiento de esos viajeros ilustres que van y vienen, reafirmando aquel modelo cultural y social. Pero el tema de la identidad se vuelve dramático cuando el país enfrenta situaciones de crisis política o económica que nos insertan de lleno en el Tercer Mundo.

Se ha puesto un enorme énfasis en lograr parecerse a los otros, se ha fomentando el falso *self*, el falso yo, la identidad artificial, eliminando de este modo la posibilidad de crecer en aquello que nos es propio. Se puso el acento en ver cómo nos parecemos a, y no tanto en saber qué creemos desde nosotros, con lo cual, en la medida en que se logra una mayor caricaturización del modelo al cual se aspira, se va perdiendo cada vez más la identidad. Pero esa identidad no es reemplazada por otra, sino por un deseo, un anhelo de ser algo que no se es, o por una escenografía del modelo real.

La mejor carne del mundo

Antes de la convertibilidad, el argentino era el ciudadano más dolarizado del mundo, cuando en Brasil, por dar un ejemplo, a los sectores económicos ni siquiera se les pasaba por la cabeza emplear el dólar como moneda de cambio. En la Argentina, por el contrario, desde el comienzo se instaló una cultura donde el referente era lo otro, o aquello que sucedía en otro lado, lo cual, si bien tiene la ventaja de que nos ampara de ser los responsables directos de nada, también tiene una desventaja, y es que tampoco podemos manejar nada.

Podría decirse que la envidia en relación con la identidad es el mal del argentino dolarizado, el argentino norteamericanizado. Casi podría hacerse una metáfora acerca de la escasa identidad que tenemos de acuerdo con lo poco que vale nuestra moneda y lo mucho que cuesta nuestro DNI.

Lo cierto es que donde menos se ha cuestionado el problema de la identidad cultural con la globalización es en la Argentina. En Europa, la introducción del Euro fue motivo de un enorme debate, mientras que aquí el tema de la moneda es considerado, más que un problema, un beneficio repentino. La gente piensa: ya pertenecemos al Primer Mundo, que es lo que siempre quisimos.

En esta forma de la envidia vinculada con la identidad, lo que se envidia no es tanto lo que el otro *tiene* sino lo que el otro *es*. Todos sabemos que una de las formas psicológicas de ansiar ser otra persona es tener lo que ella tiene; el ser está teñido del tener, y el desplazamiento de una a otra instancia es inmediato. Pero con relación a la identidad, existiría una suerte de envidia básica por no poder ser lo que el otro es, y un anhelo muy fuerte de serlo. En la medida en que esto no se logra, se pone en práctica uno de los mecanismos más enfermos ligados estrictamente a la noción de envidia, que es la destructividad: la presencia del otro siempre marcará mi imposibilidad. El ser del otro recorta la diferencia que me impide acceder a lo que sueño, por lo tanto, pongo en marcha un sistema destructivo y trato de excluir al otro, o bien de negarlo en su importancia o su identidad.

En la tabla de valores heredada, el prestigio está ligado a ser aquellos que fuimos en el origen, aquellos "de la Europa". Y al no conseguir ser el otro, lo desvalorizamos, lo excluimos, lo destruimos. El famoso *"Yankee go home"* hoy sería más bien *"I want to be a Yankee"*, "yo quiero ser un *yankee*. Y como no lo soy, entonces digo que los *yankees* son una porquería; en realidad yo nunca he deseado ser un *yankee*; son ellos quienes vienen a quedarse con lo nuestro..." La imagen de ese sentimiento es que vienen a comer nuestra carne. Deglutirnos es, simbólicamente, su forma de poseernos. (En este sentido, es un verdadero hallazgo la expresión de Guido Di Tella sobre las relaciones "carnales" con los norteamericanos. Pero Di Tella era Ministro de Relaciones Exteriores, no psicoanalista.)

Apartheid *industria argentina*

Existen en la Argentina sectores que representan a los valorados y sectores que representan a los desvalorizados, de modo que se vive haciendo activo lo sufrido pasivamente. Y si sentimos que somos poco frente a otros, seremos mucho frente a aquellos que situamos en el lugar del disvalor. El porteño sería al argentino del interior el equivalente a como él se siente frente al europeo, al extranjero o al habitante del Primer Mundo (no al europeo que "invade" el Tercer Mundo). Lo que hacemos con esto es reeditar con el interior lo que sentimos frente a la metrópoli Primer Mundo.

Hablamos del argentino costeño, del porteño. El dilema es que la identidad de nuestro país es conferida por el interior a partir de su potencial agroganadero, y no por el fenómeno cultural que suponemos como identidad. Siempre hemos deseado ser reconocidos por todo aquello que constituye nuestro sesgo cultural, intelectual y científico; sin embargo, los otros nos reconocen como una nación agroexportadora. Por otro lado, los dueños del factor productivo y económico que sostiene nuestra identidad no viven en el campo, lo cual podría asociarse fácilmente a una idea de despojo, y contribuiría a aumentar la sensación de que pertenecemos a otro país y estamos aquí para usufructuar de su suelo y luego retornar.

Éste es un mecanismo equívoco en cuanto a los sentimientos que despierta, ya que desearíamos ser apreciados por nuestro espíritu, pero nos quieren por nuestra carne. A pesar de ello, cuando un extranjero nos dice que carne como la de la Argentina no existe en ningún otro lugar del mundo, la gente reacciona con orgullo. Sería como decirle al hermano que se quedó allá: ¿viste qué buena carne tenemos en este lugar, aquí, vos y yo, que somos lo mismo? De manera que aquella vergüenza de la identidad grupal en el exterior que señalamos sería proporcional a la sensación de triunfo cuando ellos nos reconocen.

Estas circunstancias inciden de un modo silencioso en el deterioro del país, y se produce un quiebre, una fisura enorme, cuando la gente del interior padece cosas distintas de las que suceden en la capital y no son asumidas como propias por el resto de las personas. La gente de la capital no vive como propia, por ejemplo, la crisis de las economías regionales, porque suponen que esas cosas no le pasan al argentino en su conjunto.

> Los argentinos vivimos una identidad sustituida, envidiamos fundamentalmente aquello que decimos que tenemos pero que no tenemos y, por otro lado, construimos un sistema de disvalores que aplicamos a lo que sí nos pertenece: lo propio es desvalorizado y lanzado al terreno del folclore. Y cuando el extranjero viene, busca justamente lo que no desearíamos que buscara: el bife y el tango.

Es notable como testimonio del problema de la identidad el hecho de que exista un argentino del interior y uno porteño. No hay muchos países que tengan esta peculiaridad. La diferencia es tan sustancial como si se tratara de dos naciones distintas, si bien el apelativo "del interior" trasunta un carácter de segunda, como si aquel al que se lo aplica no fuera ni siquiera provinciano. Nosotros también pertenecemos a una provincia, pero al ser la capital un centro administrativo y sede burocrática del gobierno, es como si Buenos Aires conformara, sin más, la identidad prestigiosa del país.

Hoy, los argentinos más jóvenes sienten inquietud por descubrir su identidad y la del país. Nuestra generación, en cambio, no tenía el más mínimo interés en conocer el territorio argentino, excepto cuando no podía aspirar a otra cosa. En el imaginario inconsciente del núcleo de personas que preferían viajar al exterior, aquéllos eran viajes que de algún modo permitían retornar al origen, otra falacia tremebunda.

En la época de Martínez de Hoz, los argentinos podían conquistar los países que tanto admiraban sin necesidad de pedir permiso ni realizar grandes esfuerzos, ya que tener algo de los otros permitía ser un poquito como ellos. Finalmente, en lugar de ir a pedir permiso, fuimos a conquistarlos. ¿Cómo? Tal vez haciendo lo que decimos que ellos querían hacer con nosotros, comernos, deglutirnos, comer nuestra carne. Cuando los acusábamos de hacerlo, a la vez estábamos denunciando nuestro propio secreto deseo, y cuando tuvimos dólares "truchos" para poder viajar por un valor que no hubiese sido coherente en una economía sana, fuimos y nos compramos todo. Ese traernos todo es también un intento de ser ellos.

Quizá debiéramos diferenciar entre identidad, mimetismo y envidia. Si imito al otro, o incluso si hago como el camaleón, me le asemejo y me disuelvo en el paisaje, no estoy desarrollando una identidad propia. Más aún, en realidad, si logro confundirme con el otro, el otro ni siquiera va a darse cuenta de que existo.

Gaucho porteño

Siempre que el otro valoriza aspectos que hacen la diferencia, y nos dice, por ejemplo, qué buena carne tenemos o qué bien jugamos al fútbol, nosotros sentimos un gran desasosiego. Tenemos la sensación de que somos algo más de lo que somos, desearíamos pertenecer al mundo de ellos, que no existieran esas diferencias que tanto parecen conocer y, en función de nuestro deseo, terminamos creyéndolo, enajenados en una falsa identidad. Así, creamos una realidad ficticia que nos permite salvar toda contradicción con nuestros deseos.

En ese mecanismo, la envidia se retroalimenta de modo constante. Nunca termino de cerrar el ciclo, soy insuficiente yo e insuficiente el otro. Pero como no soy el otro y tampoco soy totalmente yo, no tengo un sitio que me sea propio y tampoco soy dueño de mi destino. Esta dramática realidad conduce a un estado de dependencia enorme, y también a una necesidad imperativa de expresar que nos oponemos a dicha dependencia, que somos independientes y no vamos a permitir que eso cambie, cuando en realidad el problema es que estamos en una situación de falta de identidad que nos hace inevitablemente dependientes. El poder que le otorgamos al otro para que nos reconozca y desde allí lograr obtener nuestro propio ser, o la necesidad de ratificación permanente de ese otro —al cual ni siquiera intentamos acercarnos—, es enorme.

Hemos marcado un lugar de enajenación de la identidad. ¿Cómo se transforma este supuesto lugar en un sentimiento de envidia entre los habitantes *de un mismo suelo*? ¿Por qué hay tanta envidia entre los argentinos? Tal vez habría que decir que, más que envidia por los demás, lo que creemos es que no nos representan. Suponemos que únicamente el habitante de la Ciudad de Buenos Aires representa al todo como país y al país como un todo. (¿Quién puede dudar de que en Wall Street haríamos tan buenos negocios como cualquier norteamericano...?) Claro que si nos reunieran con un salteño, un tucumano o un catamarqueño, en sus ámbitos, nosotros no estaríamos representados tampoco, así como ellos no lo están en el nuestro excepto el Día de la Tradición. Es entonces cuando se realizan determinadas acciones y gestos como una manera, quizá la única, de explicitar mediante una rígida estructura —la representación— algo que no quiere ser vivido como auténtico.

Cuando en una oportunidad desfilaron nueve mil gauchos en la Ciudad de Buenos Aires, le preguntaron a Adolfo Bioy Casares qué opinaba del acontecimiento. "Nunca hubo nueve mil gauchos en la Argenti-

na —respondió—; y se los digo yo, que soy estanciero."
Cuando un argentino va al extranjero y le hablan en italiano o en alemán, sabe que su aspecto puede prestarse a confusión: podríamos ser ingleses, alemanes, italianos o franceses. Pero si nos vistiéramos de gauchos, como hacía Gardel para cantar, sin duda seríamos un espectáculo para los demás. Estaríamos actuando para ellos. La tradición no es simplemente una fiesta regional, tradición es que se baile el carnaval en Jujuy o se celebre la Pachamama en Salta, y no esas demostraciones anuales que hacen que, de un día para el otro, todos seamos gauchos. Cuando Bioy Casares aseguró que no había nueve mil gauchos en la Argentina, lo que estaba insinuando de modo irónico era que la Argentina se identificaba con Buenos Aires.

Aquí, el disfraz tiene un grado de importancia central, porque es una manera de mostrar algo que no se siente. El traje de gaucho es un atuendo genuino. Sin embargo, siempre lo consideramos un disfraz. Aceptar esta vestimenta como algo diferente de un mero disfraz sería como aceptar a nuestro hermano y, por lo tanto, reconocer que formamos parte de un país donde el hecho de que existan nos convierte a todos en gauchos, aunque no lo seamos en forma literal.

La vestimenta de gaucho es ropa de trabajo, funcional. Fue adaptada a necesidades ambientales y de trabajo, y sirve también para poseer una inscripción cultural. En los Estados Unidos, no todos se consideran *cowboys*. Pero cuando un tipo *from Dallas* se exhibe con su sombrero y sus botas, nadie piensa que está disfrazado. No hay diferencias entre disfraz y vestimenta. Entre nosotros, en cambio, esa vivencia no existe. Y esto, en la medida en que está relacionado con la identidad, es de fundamental importancia. Cuando uno ve gauchos, con sus ropas tan diferentes de la ciudadana, los ve como personajes de un show, como si sólo pudiera aceptarse la identidad como un espectáculo de la propia identidad.

Un argentino es un uruguayo... con delirio de grandeza

Para un argentino, ser "ciudadano del mundo" significa poder ser dueño de una identidad de la que carece. No disuelve la suya propia en la no-identidad del mundo, sino que arriba desde una no-identidad y pretende que sea el mundo el que le devuelva la cédula que, supone, perdió al nacer en la Argentina. Es un sujeto con una valija vacía a los pies, no un individuo que se traslada a otro país portando su equipaje personal. Y lamenta muchísimo no poder hacer la cola con sus parientes del Mercado Común Europeo. En ese sentido, tiene una vivencia de exilio permanente. Siente que ha sido "arrojado" aquí sin que mediara elección alguna, y que tiene que arreglárselas como pueda.

Pero la realidad es que la vida de muchos argentinos que optaron por irse de su país es muy miserable. Lavar platos durante algún tiempo no era imaginado por ellos como una carga, ya que suponían que enseguida alguien descubriría su condición de elegidos y los pondría en el lugar privilegiado que por derecho les corresponde. Sin embargo, esto es sólo una fantasía.

A la vez, mientras alguien está afuera, aunque no haga otra cosa más que lavar platos, adquiere en perspectiva una pátina de importancia. Siempre habrá otro que comente: "Mi hermano está en Nueva York", "Mi prima vive en París". Incluso, para el que nunca salió de casa, el emigrado tiene ciertos rasgos imaginarios de coraje o valentía, al haberse dado cuenta antes que nadie de las cosas que vendrían luego.

Pero no es posible ir al exterior con la pretensión de hacer la América. Infinidad de argentinos que viven lejos de su tierra tienen gravísimas dificultades. Muchos se fueron para optimizar su situación, o porque sus vidas corrían peligro, y si no vuelven es porque es difícil hacerlo cuando no hay alguien que los espere como si fueran triunfadores. Muchas veces, si no se vuelve es por vergüenza, por no poder mostrar lo que los otros suponen que ellos consiguieron. Si se vuelve, se vuelve mal. "Vuelvo cansado a la casita de mis viejos...", dice el tango.

Argentino hasta la muerte

Para algunos pensadores, el nacionalismo es un intento de homogeneizar a una sociedad discriminatoria en la que el extranjero es vivido como un peligro. Se intenta un nivel de familiaridad y de endogamia tal, que no exista ninguna posibilidad de sorpresa, cambio ni cuestionamiento de la estructura de la que se es parte. Sería una modalidad discriminatoria de ensalzar los vínculos más primarios con el fin de preservar una identidad, identidad de la que se teme que pueda ser lesionada si se da lugar a críticas o comparaciones. Son formas defensivas empobrecedoras que se refugian en la violencia y la agresión. En sus manifestaciones más perversas, endiosan o idealizan supuestas cualidades particulares denigrando otras, y constituyen los caracteres megalomaníacos que todos conocemos.

Otras formas de nacionalismo, en cambio, serían más bien intentos "sanos" de reafirmar niveles de pertenencia a un determinado grupo humano. Se trataría de acentuar los lazos que nos unen a grupos con aspiraciones comunes, y aquí la idea de nación puede servir como punto de encuentro y de lanzamiento para realizar proyectos que beneficien a todos los miembros. El nacionalismo entendido de este modo sería un intento de reunión de diferentes proyectos para conformar un proyecto común y consolidar la pertenencia, la cohesión y, en consecuencia, la solidaridad.

Hay una relación entre las ideas de "nación" y "patria" que es interesante destacar, ya que la búsqueda de un sentido de patriotismo "sano" y el riesgo de que ese patriotismo derive en lo que sería el nacionalismo "enfermo" se encuentran en una tensión constante. Hoy estas discusiones tienen enorme vigencia en distintos países del mundo. Estados Unidos, por ejemplo, fomenta el patriotismo argumentando que sirve para reafirmar pertenencias y acentuar tradiciones. Es la postura de, por ejemplo, Rorty.[1] La idea contraria, defendida entre otros por Nussbaun,[2] sostiene que la noción de patriotismo, que ella empatienta a nacionalismo, es una forma disfrazada de aislar y compartimentar a las naciones, y que se funda en un propósito de discriminar a los hombres en función de razas y credos. La teoría que desacredita al nacionalismo entendido de este modo propone la idea del "hombre del mundo", es decir que las naciones serían meras formas administrativas de algo que en lo espiritual respondería a una totalidad.

¿Cómo opera en la Argentina la idea de nacionalismo? Existen formas anacrónicas, fachistoides, en las que el nacionalismo expresaría cierta pretensión de conservar poderes y privilegios. Son modalidades discriminatorias donde lo que está en juego es el uso de la fuerza para obtener un beneficio personal. Hay otras formas de nacionalismo que, en su clara expresión de odios y rencores, sostienen que construyen algo así como "la verdadera nación". Pero aunque lo que se ponga en juego es la violencia, aquí también esa rebeldía violenta es un disfraz de la vivencia de fracaso y resentimiento.

Frente a todo esto, parecería emerger un nacionalismo en el buen sentido, ligado a un país que está intentando dibujar un perfil propio y reconocerse como heredero de una tradición. Somos una nación joven que intenta integrarse, y en esta integración hallar las líneas de identificación y de diferenciación que constituyan a esta sociedad en algo también único y singular.

Cuando Rorty hablaba de la necesidad de la noción de patria, suponía que era indispensable para todo individuo poseer un lazo de filiación. Se refería a la patria (*pater*) como ámbito parental capaz de generar una determinada descendencia, a la cual poder otorgar desde ese lugar de *pater* una identidad y un espacio dentro de un proyecto.

Esta idea de nacionalismo entendido como pertenencia y punto de condensación de aspiraciones diversas a un proyecto común está ligada al mito fundante que tiene que poseer una nación para proyectarse como tal. En consecuencia, podría ser un lugar de identidad útil que no excluyera a las otras formas de identidad. Y no tiene sólo un punto de anclaje: además de la idea de nación existen el suelo, la tierra, las historias de los antepasados.

La clave es que ese destino común también pueda incluirse, en una especie de círculo concéntrico, en otro proyecto supranacional, donde lo que estaría en juego sería el rescate de las diferencias, la integración en estructuras mayores que superen a la anterior pero que a la vez la incluyan.

¿Qué tal nos llevamos los argentinos con nuestro país? ¿Lo reconocemos como un lugar que nos protege, o pensamos que es un sitio inhóspito? En último término, la pregunta apunta a saber si tenemos depositada en la Argentina una vivencia de paternidad responsable o indiferente, o qué desplazamiento de nuestra fantasía inconsciente respecto del lugar de filiación hemos efectuado en relación con la tierra en la que vivimos. En síntesis, si somos hijos que se llevan bien con sus padres, y recíprocamente.

El argentino siempre ha tenido la sensación de que al país no le importa él como ciudadano, lo cual constituye una fantasía inconsciente de una paternidad indiferente y desaprensiva de parte del país hacia él. No se siente un hijo cuidado por su nación. Pero ésta es una de las sensaciones que han comenzado a cambiar a partir de la restitución de la democracia.

Un camino lento... pero camino al fin.

¿Quién se atreve a ser un *winner*?
(Un tratado sobre la envidia)

Triunfar está prohibido. El éxito produce envidia. Y la envidia al éxito, al suceso, hace del suceso algo sospechoso. Si a una persona le va bien, siempre habrá alguien que comente: "Éste debe lavar dinero". Así, el supuesto ganador se convierte inmediatamente en blanco de la ira y la sospecha de los demás. En ese sentido, la envidia termina creando una muralla que impide acercarse al otro positivamente, aprender aquello que sabe y llegar así adonde él llegó.

La envidia es un caldo de cultivo de núcleos agresivos que responden a una vivencia de desvalorización frente a un otro que, supuestamente, se habría quedado con lo que es de uno. Tener lo que el otro tiene brindaría entonces no sólo la posibilidad de anular la sensación de falta sino también el temor a la desvalorización, temor que lleva a la fantasía de no poder alcanzar a ser lo que se pretende de uno, y a una vivencia de enorme marginación.

¿Donald Trump conocerá la envidia?

El tema de la envidia está conectado con dos niveles: un nivel sería el de los sentimientos más profundos, que se expresa cuando alguien desea el atributo que tiene otra persona. Esto no siempre es comprensible desde el punto de vista racional ya que estaría

51

asociado a elementos irracionales. El otro nivel es el de los valores materiales y los objetos de ostentación, o que poseen determinados símbolos de prestigio, y su peculiaridad es que esta expresión de la envidia social suele darse en sectores de la misma clase. "Yo tengo un *BMW* —piensa el envidioso—, pero me da bronca que el vecino se haya comprado una *Land Rover*..."

Esta envidia estructural, del propio acervo con respecto a las posesiones del otro, aparece sobre todo frente a propiedades imaginables. Hay quienes piensan que es difícil envidiar aquello que está muy lejos de uno: puedo envidiar al vecino porque tiene un departamento mejor que el mío en la misma cuadra, pero no puedo sentirme mal porque Donald Trump sea dueño de la Trump Towers en Nueva York, ya que estos bienes sobrepasan mi línea de posibilidades incluso en términos de deseo.

Aquello que es pasible de ser anhelado o deseado necesita de cierto margen, superado el cual difícilmente aparezca este sentimiento; el objeto comenzará a ser considerado como fuera del mundo de los posibles, del mundo real, y se convertirá finalmente en un objeto idealizado.

Deme dos... y, por qué no, tres

El mecanismo con el que funciona la sociedad de consumo consiste en hacernos creer que lo que necesitamos es justamente aquello que nos falta. Frente al monstruoso nivel de oferta de bienes, uno se pregunta, consciente o inconscientemente: "¿Todo esto hay que tener para poder *llegar a ser*? ¿O alcanza con tener una parte?" En este esquema, aquellos que tengan mucho podrán manifestar cierta omnipotencia, mientras que el resto no podrá menos que sentirse excluido. Esta vivencia de insatisfacción puede conducir a la envidia.

Al referirse a la sociedad de consumo, Althusser[3] señala que la publicidad es el último acto dramático del capitalismo para vender sus excedentes, ya que genera en los demás una necesidad siempre exterior y ficticia, y no una necesidad real. Cualquiera que entre en un *shopping* puede comprobarlo.

¿Cuánto del *shopping* nos convierte en un país distinto del que deseamos y cuánto nos acerca a él? Tal vez debamos admitir que, en nuestro caso, finalmente la globalización ha dado buenos resultados. El *shopping* se ha convertido en la importación de aquella identidad con la que siempre fantaseamos los argentinos y que nos habría sido expropiada, aquel referente comparativo frente al cual nos sentimos desvalorizados porque lo que hemos proyectado es un ideal siempre superior a nosotros.

> Muchas veces, el otro, el extranjero, es el depositario de un ideal que siempre se encuentra en un estatus superior; por lo tanto, cuando el argentino ejerce la comparación, se instala a sí mismo en un lugar menor que lo lleva sin remedio a una vivencia de depresión y de fracaso. En ese sentido, podría ocurrir que el otro no sea más que una excusa, el depositario, en función de razones históricas, de la proyección de un sentimiento de omnipotencia.

El *shopping* representaría lo completo, lo total, aquellos atributos que le hemos asignado a ese ser con el cual nos comparamos y con el cual, en función de sentirnos menos, armamos desde sentimientos de desvalorización y difamaciones defensivas reactivas, hasta vivencias de negación de la diferencia e ilusiones

53

identificatorias. El *shopping* permitiría condensar la fantasía de la extranjeridad anhelada, la identidad deseada y, en especial, posibilitaría a los sujetos formar parte del todo.

En la fantasía del argentino, el otro es todo, el otro *lo tiene todo*. El *shopping* podría estar representando, en un aspecto inconsciente del sujeto, ese todo, finalmente deglutido por nosotros, globalización mediante. Sería como la realización mágica de deseos infantiles omnipotentes largamente frustrados.

Si bien en varias ocasiones se ha considerado al *shopping* como una especie de gran paquete indiferenciado del anonimato, y aparece la idea de "todos al paquete común", de "todos al antro", desde otro lugar, en la fantasía inconsciente, uno ingresa en un espacio que le permite absorber el todo. De modo que el anonimato pasa a ser algo relativo. Lo que sí es cierto es que el *shopping* despierta fantasías de omnipotencia.

En un país como la Argentina y en un mundo como el actual, se ha generado una patología de la individualidad, que es el aislamiento, donde los agrupamientos y los rituales colectivos que permiten vivir un sentimiento de trascendencia se han disipado. El *shopping* ofrecería, en una versión laica, consumista y transitoria, una fantasía de fusión y entrelazamiento.

El *shopping* concita también para el argentino el ejercicio de un mirar que podría ser riesgoso en relación con la envidia, ya que ésta, en último término, consiste en detectar lo que no se tiene y desearlo sin poder reaccionar maduramente sustituyendo, creciendo, trabajando para conseguirlo. El *shopping* podría entonces despertar profundos sentimientos de envidia;

sin embargo, no es probable que esto suceda en todos los casos. Aquella fantasía omnipotente de creer que no solamente el hombre ha sido deglutido por el *shopping*, sino que este último *ha sido deglutido por el hombre,* es lo que preserva de la envidia; de lo contrario, el éxito del *shopping* no podría sostenerse, sería un lugar al que el sujeto va únicamente a sufrir.

En el *shopping* todos somos turistas, todos seguimos un recorrido que nos traslada a un espacio extranjerizante, donde prevalecen marcas internacionales que pueden encontrarse en cualquier geografía y en cualquier lugar del mundo. El *shopping* es para el argentino la confirmación de que ya no tiene necesidad de viajar a Miami para comprar todo aquello que desea comprar. Cuando el argentino viaja, ya no está tan atado a la necesidad de la compra compulsiva, dado que con la apertura de estos espacios puede desarrollar dicha compulsión en su propio país. Entonces se dedica a tener una visión más completa de las personas y de los lugares que visita, con un espíritu diferente que impulsa a *conocer*, más que a *tener.*

Y si es cierto que en el *shopping* todos somos turistas, lo es también que otorga una suerte de identidad común. Cuando uno recorre una ciudad extranjera que no conocía y entra en el *shopping*, siente que ingresa en un lugar conocido. Es un terreno universal en el que, si bien somos turistas, también formaríamos parte de esa internacionalidad de la que somos ajenos. El *shopping* autoriza cierto nivel de omnipotencia, pero lleva también a la diferenciación, porque es una internacionalidad que "recorta" la identidad. Sin embargo, no basta con que el vendedor tenga marcas que nos resulten conocidas para hacernos pensar que estamos ligados a una identificación en lo esencial, es decir, en lo humano.

Todos somos turistas en el *shopping*, porque en realidad ingresamos en un área que, si bien se ha vuelto cotidiana, tiene como característica que es igual en todas partes del mundo. Esa condición de universalidad no está dada por identidades propias, sino por un código general que todos comparten, un nexo de familiaridad que tiene algo de siniestro.

Las personas saben que, en cualquier *shopping* del mundo, en el último piso se encuentra el patio de comidas y que las escaleras mecánicas les permitirán recorrer las distintas plantas. Y así como cualquiera sabe conducirse en las grandes catedrales del mundo, con el *shopping* sucede algo parecido.

En la actual sociedad de consumo, éste ha perdido mediatización. La Internet brinda la posibilidad de acceder virtualmente a todos los sistemas de comercialización del mundo. Podemos entrar en el *shopping*, recorrerlo, ingresar en un negocio, elegir una camisa, marcarla con el *mouse* y recibirla en casa, todo sin movernos de nuestro lugar frente a la computadora. Pero aun teniendo la posibilidad, hay que optar, y en esa opción siempre hay que desechar algo. La locura del consumo genera en las personas un sentimiento de vacío, ya que trabaja bajo la presunción de un espacio que hay que llenar, aunque lo hayamos llenado la semana pasada comprando la mejor campera o una cámara digital de video de última generación.

En las clases indigentes, ese acto de ostentación se vuelve dramático. Y desencadena terribles hechos de violencia, como el caso de los robos que terminan en brutales asesinatos. Para su análisis, estos hechos debieran ser aislados del ámbito de lo delictivo y de las simples motivaciones económicas o de sustento, para vinculárselos a un claro fin de venganza, que es producto de la exclusión.

Los sectores que pertenecen a niveles sociales más bajos observan como inalcanzables determinados signos de riqueza o de poder. Habría que preguntarse entonces si la escenografía del capitalismo y sus objetos no terminan siendo demasiado provocativos para individuos que no tienen posibilidad de acceder a ellos. Si esto no es violencia, la violencia, ¿dónde está?

Lo mío es mío y lo tuyo... también es mío

Sabemos que la envidia es un sentimiento básico de las conductas humanas en cualquier sociedad. Pero, ¿qué ocurre cuando ésta genera una insatisfacción constante? Aquello que hoy me llena cubre mi necesidad actual, pero mañana habrá un nuevo vacío para llenar. Esta frustración puede conducir a la violencia, y, si quiere ser reivindicada, a la venganza como elemento final, como acto propiciatorio, donde el otro se convierte en víctima: en la fantasía, quemo el coche del vecino ya que no puedo tener uno igual.

Muchas veces, la ambición es un motor que sirve para alcanzar fines creados por la propia proyección de la persona. Pero cuando se orienta a fines generados en áreas que no son las propias, o que corresponden a otros sectores, se produce un choque. La ambición puede ser un agente positivo que nos movilice para conseguir las cosas que deseamos. Pero cuando aquello que se impone es un objeto que no tiene un lazo con nada, puede convertirse en un elemento destructivo de la realidad.

Uno de los puntos críticos es el sentido simbólico que posee aquello que se envidia. Tener lo que los demás valoran significa en cierto modo poder salir del lugar de la desvalorización. Habría entonces un afán inconsciente detrás de lo que se desea. ¿Cuál es este anhelo? ¿La inmortalidad? ¿La omnipotencia? El otro ha conseguido llenar este vacío que yo creo no poder completar nunca. El otro llegó a no necesitar nada más en la medida en que todo lo puede. Hay ahí un sentimiento de envidia a la supuesta completud del otro y un enojo que queda pendiente, un resentimiento, una vivencia de ser una suerte de acreedor estafado. A uno no le han dado aquello que hubiera sido justo que le dieran.

Muchas veces la envidia genera una clase de carácter muy particular que es el del acreedor permanente. Es el tipo que está siempre quejándose de que lo engañaron, de que la cosa vino mal repartida, de que algo que tendría que haber sido para él terminó siendo del otro. Es el litigante acusador, aquel que está siempre diciendo que la cosa fue injusta y, de este modo, es incapaz de aprender.

Sin embargo, la envidia está caracterizada no tanto por el deseo de tener lo que el otro tiene, sino más bien por las ganas de que el otro no posea aquello que a uno le falta. El ansia de tener lo que el otro tiene sería una envidia "sana", algo parecido al *avoir en vie* de los franceses, al tener ganas. En cambio, la envidia que llamamos patológica, sintomática, es la manifestación del deseo de que el otro no posea lo que nosotros jamás podremos tener. Lo que está presente de modo latente es la necesidad de destruir, desvalorizar, acusar a ese otro. "¿A quién se lo robaste?", le preguntaremos, que es como decir: "Me lo robaste a mí". (¿Será por esto que en los Estados Unidos, los millonarios escriben libros contando sus experiencias y aquí los millonarios se esconden...?)

La envidia crea muchos personajes omnipotentes en la fantasía de la gente porque el envidioso supone que hay alguien que lo tiene todo, es decir que idealiza y se fascina, y entonces no consigue discriminar en absoluto. Por eso no puede aprender, porque el sentimiento que genera es de odio y de fascinación a la vez, en lugar de una admiración inteligente.

En la Argentina, por ejemplo, el menemismo instaló una modalidad de gobierno y de conducta que atentaba contra el cuidado de la envidia de los otros. La preocupación y el temor motivados por este sentimiento están justificados plenamente, dada la connotación envidiosa característica de la sociedad en la que vivimos y que nos determina. Y provocan un ocultamiento de lo que se tiene. "¿Qué tal, cómo andás?" "Tirando". "¿Laburo?" "En la lucha". El ocultamiento se convierte así en una forma de protección. Si digo que estoy bien, podrían pedirme algo. Si digo que estoy mal, podría dar lástima. ¿Qué hacer, entonces?

Ni el tiro del final

En general, los ideales del argentino están siempre por encima de sus logros resultantes, y entonces siente que ha fracasado en algún sentido. El sentimiento de desvalorización lleva irremediablemente al fracaso, porque impide poder implementar las energías hacia el objetivo deseado. Esta desvalorización genera, una vez que el fracaso se ha consumado, un sentimiento de envidia hacia quienes sí han tenido éxito, sentimiento que provoca un afán destructivo. Y cuando el sujeto ha logrado dicho objetivo destructivo, vuelve a tener una vivencia de culpa y de pobreza, que lo hacen sentir más indigno y más desvalorizado, lo cual conduce nuevamente al fracaso, nuevamente a la envidia...

La desvalorización genera frente al referente comparado un sentimiento de envidia que se orienta a destruirlo. Como el otro generalmente es mejor, más allá de las destrucciones parciales que el sujeto envidioso realiza, permanece siendo más importante. Pero puede ocurrir también que, una vez que el envidioso destruye al sujeto envidiado, sienta que no por eso él se ha convertido en importante, es decir que fracasa el sistema mágico que está en la base de sus pensamientos, cuya ecuación sería: si destruyo al valioso, entonces seré yo quien ocupe ese lugar. De ahí que la envidia se caracterice por la destrucción de todos y no por la victoria de uno sobre otro.

> Normalmente, la desvalorización produce envidia, la envidia conduce al fracaso y éste a la desvalorización. Pero a veces se dan graves cuadros depresivos de malestar y proyecciones de estos sentimientos negativos en el otro, con lo cual empiezan a crearse situaciones paranoicas que generan peligrosos niveles de hostilidad intrasocial. En estos casos no hay comunidad, hay simplemente un grupo de personas que discuten, y todo esto en función de aquel sentimiento regresivo y estancante que es la envidia.

Pensemos en la envidia entre pares. Cuando un sujeto tiene éxito económico o profesional y se lo calumnia o desvaloriza, lo que queda de manifiesto es la dificultad que tiene el grupo a la hora de reconocer el triunfo de uno de sus miembros. Si tiene mucho dinero es porque es un ladrón, si publicó una buena obra es porque la plagió, si hizo una gran película los norteamericanos las hacen mejor. Esa envidia tiene que ver con la identidad, ya que es como si fuéramos la versión "trucha" del extranjero exitoso.

Hay una actitud profundamente equívoca que hace que el éxito del otro sea vivido como fracaso propio. Mostrarme el éxito de frente sería obligarme a asumir que yo no puedo generarlo. En la medida en que, en lugar de ser testimonio de una diferencia que genera deseos de aprender, marca un nivel de desvalorización, el éxito provoca resentimiento. No hace que la diferencia sea un estímulo positivo, sino que siempre será un agente desvalorizante que provocará un nivel de presión y rabia destructiva. Nunca la diferencia es capitalizada en términos de haber, de poder aprender. La forma de anular el éxito del otro es diciendo que no es genuino.

Que el éxito del otro aparezca como un éxito falso permite que no haya envidia sino una justificación del juzgamiento hacia esa persona. La envidia se genera cuando el éxito del otro es real. Si yo acepto que el otro ha obtenido un éxito real, entonces sí estoy envidiando a ese sujeto como valioso. Si logro desvalorizarlo en sus logros, ya no estoy teniendo una actitud de envidia. El mecanismo consiste en decir "¿por qué voy a sentir envidia?"

La envidia conduciría entonces a la negación de situaciones; esto no significa que la desvalorización impida el surgimiento de la envidia, sino que la envidia provocará la desvalorización y ésta no nos permitirá luchar contra nuestra envidia original. Aparece así como defensa frente a dicho sentimiento, pero, como toda defensa, denuncia a la vez su origen. Quedaríamos cubiertos mediante una coartada, que consiste en suponer que si el otro tuvo éxito fue porque en realidad no obró "por derecha".

Todos contra uno

A veces ocurre que es el grupo mismo el foco de la mayor desacreditación del éxito de uno de sus integrantes. Cuando el éxito no puede apreciarse como un logro colectivo, sino como el triunfo de uno y la derrota de los demás, el mecanismo tiende a la autodestrucción.

La facilidad que el grupo tiene de envidiar a una de sus partes se asienta también en la gran dificultad de dicho grupo de identificarse con el éxito del otro. Y esto es así por aquella ausencia de una vivencia comunitaria y de redes de solidaridad social de la que hablamos. No hay proyectos comunes, los proyectos son todos individuales, aventuras personales. Inconscientemente, la idea de fondo es que el éxito compartido no es éxito. La exclusividad es una de sus condiciones, y lo compartido, en la medida en que no hay vivencia grupal, nunca es compartido sino que siempre es repartido.

En el fondo, la actitud individualista del argentino tiene que ver con un deseo de generar las soluciones a través de actitudes absolutamente unipersonales y mágicas: ninguna de las demás variables es tenida en cuenta. En consecuencia, este mecanismo autodestructivo genera una sobreexigencia tal en el otro, que éste termina por no hacer nada y con la sensación de que no existe un proyecto de grupo.

El triunfo de los demás sería nuestro fracaso, en lugar de ser vivido como el natural resultado de sus méritos. El argentino tiene siempre una visión ilusoria y poco objetiva de las batallas, llámense fútbol o Guerra de Malvinas. Cree que la batalla es sencilla y, cuando la pierde, no lo puede creer, mira la situación como un chico frente a un juguete roto. Somos como hijos únicos a quienes el destino convoca para recibir todo, no para ganarlo. Las cosas nos corresponden porque sí. El esfuerzo y la posibilidad de ganar o perder por mérito propio no forman parte de lo que un hijo único está dispuesto a realizar.

A los argentinos nos gustan las historias de las segundas oportunidades. Éste es un concepto positivo porque motoriza para pasar por encima de las frustraciones y de los fracasos, pero la falla en este análisis es que no sabemos dimensionar las derrotas. Suponemos que no perdimos, sino que nos ganaron mal. El derrotado siempre es el otro.

Están también aquellos que cuando pierden reconocen la derrota, pero no desde un nivel de autocrítica "constructiva", sino que se convierten en implacables acusadores que hostigan al compatriota perdedor. Nos convertimos muy fácilmente en víctimas de un destino injusto: somos los mejores del mundo, los hijos únicos, pero los demás no nos dejan hacer. La reiteración de los fracasos y la imposibilidad de analizarlos en forma positiva dificulta luego analizar los éxitos. De ahí que éstos sólo sean festejados, nunca analizados.

Al argentino le cuesta mucho aceptar aquellas cosas que objetivamente se hicieron bien por el país. Esa incapacidad de ver los pasos positivos, inversamente a lo que ocurre cuando se los observa desde afuera —como cuando viajamos al exterior—, impide analizar todas aquellas cosas que necesitan ser modificadas. Es un pueblo mimético: si tenemos éxito en el tenis, todos sabemos sobre tenis. Si triunfamos en el rugby, todos somos especialistas en ese deporte...

La soledad del argentino (pero no la de Arequito)

El sentimiento de soledad del argentino, el extremo encapsulamiento en el que vive, muchas veces lo conduce a un estado de retraimiento y mal humor. El trato agrio o antipático que nos caracteriza, la indiferencia para con el vecino, genera en cada uno un gran temor a ser rechazado. Esto ha ido cambiando, al menos en lo que hace a la venta de productos, donde la era de la competencia ha marcado estilos e impuesto nuevos hábitos. Es un cambio que se origina no a partir de una necesidad interna, sino de una imposición, pero lo bueno es que convierte a todos los argentinos en simpáticos actores. De pronto hemos aprendido las ventajas del buen trato y la cordialidad.

Pero aquí el miedo juega un papel fundamental. El sentimiento de desvalorización genera miedo al rechazo y a la humillación, es decir, la fantasía de estar poniendo de manifiesto todo aquello que no tenemos a un otro que estaría ahí sólo para mortificarnos. Esta vergüenza no sólo se vincula con el sentimiento de desvalorización, sino con algo ligado a éste, que es la envidia.

El temor a la existencia de una trama de envidia, con fantasías de destruir lo que el otro tiene y a nosotros nos falta, lleva a que el simple hecho de pedirle ayuda a ese otro resulte una verdadera complicación. Y el no tener, en lugar de ser visto como una situación potencial para el tener o como una realidad en función de humanas limitaciones, es vivido como una humillación, como un testimonio del déficit que la desvalorización y el sentimiento de inferioridad continuamente reafirman en el argentino.

En consecuencia, siempre hay que estar jugando al autoabastecimiento, al "me las arreglo solo". Y esto genera de modo más que natural la dificultad que siempre hemos tenido, y que en este momento está mejorando, de trabajar en equipo y formar grupos. Trabajar en equipo implica en parte reconocer de modo tácito las competencias del otro, aquello que él podría aportarnos y que a nosotros nos falta. Y también un sentimiento de que lo que nosotros tenemos para aportarle lo enriquecerá.

Los argentinos no saben que el que da siente placer, no soberbia ni lástima. Habría un costado patológico que hace que aquel al que se le pide algo suponga que está autorizado a dar con soberbia, desde arriba. Si la gente supiera que dar es muy gratificante, las relaciones humanas serían muy distintas. La fantasía del argentino es que solamente disfruta el que recibe, que dar es una pérdida. Lo que no se tiene en cuenta es que dar implica relación, juego de dos, y no unidireccionalidad.

En el dar y en el placer que se provoca en el otro se obtiene también un placer y, a la vez, se estimula en él el deseo de dar. Los argentinos inhiben las relaciones al preferir el autoabastecimiento de satisfacción autoerótica y no el goce compartido. En último término, no están practicando el verbo principal que garantiza la estabilidad de un sujeto, en sus relaciones con el otro y consigo mismo, que es el verbo amar.

Lo mismo puede aplicarse al plano laboral, donde salen a la luz grandes dificultades cuando se trata de realizar una tarea compartida, colectiva, grupal, ya que no se comprende del todo que la creación no es un acto de magia, sino un trabajo conjunto que requiere complementariedades. De ahí que la idea de adecuarse, ponerse en función de un grupo, restringir el capricho inmediato de lo individual, sea vivida como sometimiento. Esta fantasía lleva al argentino a creer que aislamiento es igual a fuerza, y, fundamentalmente, a renunciar a la verdadera fuerza, que es el grupo. El grupo brinda identidad, no la suprime. Recibir órdenes no es explicitar una supuesta esclavitud. La esclavitud es otra de las fantasías permanentes del argentino, quien finalmente termina esclavizado de sus propias imposibilidades.

> Históricamente, siempre hemos tenido grandes conflictos con el concepto de autoridad, ya que lo entendimos como un estar por encima del otro en razón del poder y no como una ubicación estratégica en relación con un grupo. Aquel que toma decisiones siempre es mal visto por el resto del grupo, que siente que no es consultado.

En los lugares donde la rivalidad es un estímulo, hay un plus que la convierte en hostilidad e impide el trabajo creativo. La idea de "no voy a dejar que me toquen el culo", típica expresión de los argentinos, está ligada a fantasías persecutorias de sometimiento esclavizante, de desvalorización, de que lo grupal no existe sino en términos de quién perjudica a quién. No se entiende que puedan existir victorias compartidas, que la victoria real consiste en que ninguno gana todo sino que todos ganan algo.

El buey solo bien se lame

Una de las condiciones indispensables para llegar a acuerdos productivos y creativos es la capacidad para negociar. El arte de la negociación consiste en que no haya un ganador absoluto ni un completo derrotado, uno que se coma toda la "torta" haciendo que el otro se quede sin nada. El arte de negociar está en evitar la satisfacción obscena del ganador y la humillación del vencido, en que ambos puedan ganar y perder a la vez. El punto es que cada uno sienta que pudo obtener algo importante de lo que necesitaba. De este acuerdo surge la victoria de ambos. Los argentinos no tienen mucha noción de que se gana cuando ambos ganan y pierden simultáneamente algo.

Esto ha comenzado a cambiar porque vivimos en democracia. La gente que se irrita de los acuerdos políticos, que los entiende como formas descaradas de burlar al pueblo —más allá de que algunos puedan serlo—, ganaría más si abandonara la creencia de que nada puede negociarse y a nada se debe renunciar. Si algo se pierde, tal vez esa pérdida luego se convierta en ganancia, de modo que no deberíamos suponer constantemente que hemos sido burlados, o que lo seremos más tarde o más temprano.

> La fantasía persecutoria que late en las relaciones interpersonales, sumada al anacrónico espíritu machista que pone de manifiesto esa misma sociedad, nos llevan a pensar que el otro siempre está tratando de abusar de nosotros, por lo que todo encuentro o intercambio se sustenta en esta teoría especulativa cuya inferencia más nefasta sería la siguiente: dado que los otros intentan abusar constantemente de nosotros, entonces nosotros tenemos que ganarles de mano.

Una institución argentina presente también en algunas colectividades de otros países donde no hay normas y reglas claras es el regateo. El regateo muchas veces no se ejerce por necesidad de quien compra, sino por una sospecha de abuso potencial. Hay casos extremos de manipulación en los cuales los sujetos hacen apuestas con los amigos para ver hasta dónde conseguirán el descuento. La consigna sería: ¿cómo me defiendo del abuso? Intentando abusar yo también. El éxito de la rebaja ratificaría la teoría de estos sujetos de que viven continuamente bajo la amenaza de ser burlados.

El individualismo es una conducta adquirida en conjunto por la sociedad, a pesar de que tiene una pulsión individual. En realidad, habría que diferenciar individualismo de sistema de aislamiento. Lipovetsky[4] señala que existe un individualismo responsable que entiende que la cosa común es imprescindible para la felicidad propia. Y por otro lado está el individualismo patológico, la sintomatología del individualismo, que es el aislamiento, una suerte de refugio paranoico respecto de las demás personas. Esta vertiente del individualismo puede ser muy perjudicial.

Afortunadamente, la democracia ha hecho que, en la medida en que vamos conociendo a los otros, vamos desmitificándolos y disolviendo la discriminación frente al extranjero, y abandonando ciertos prejuicios muy enquistados y exacerbados, a la vez vamos descubriendo que el éxito del otro puede ser resultado de sus méritos. Va a costar, porque la envidia no se derrota fácilmente.

¿Quién se atreve?

¿Qué es entonces, para nuestra sociedad, un *winner*, un ganador? ¿Se es ganador a pesar de uno? ¿O por atreverse a desafiar la envidia de los otros?

Hay un *winner* que lo es porque tiene el aval del grupo que lo genera y eso le da protección. El ejemplo sería el del jugador de fútbol. El marco posibilita que sea exitoso porque sus logros se producen en un contexto profesional, absolutamente controlado, al cual otros no pueden acceder.

Está también el *winner* que, a contrapelo de la sociedad, asume su carácter de exitoso. Es el más conflictivo, el tipo que puede demostrar que tiene éxito y le importa tres pepinos lo que se diga de él. "Yo tengo un piso de cuatro millones de dólares porque tengo plata —piensa— y puedo comprarlo."

Y luego están los falsos *winners*, que son los personajes creados por los medios de comunicación. Los medios necesitan constantemente llenar los altares que rodean a la iglesia del poder con figuras que sean veneradas. Y más tarde o más temprano, se las baja y se pone a otro en su lugar. El protagonista puede reaccionar huyendo, ya sea porque siente que está en peligro (caso Pugliese escapándose por las terrazas para eludir a la prensa) o porque no acepta el rol que se le adjudica. "Si todos me consideran exitoso —piensa—, ¡qué podría llegar a pasarme...!" La otra reacción es poner el pecho.

El asesinato de John Lennon es un claro ejemplo de la violencia generada por la envidia: el asesino va adquiriendo todo un sistema a partir de su deseo no realizado de tocar la guitarra. Deposita entonces su imposibilidad en la figura de John Lennon y lo mata. El envidioso pondría al envidiado en la manifestación constante y cotidiana de su carencia.

En la Argentina, todos somos envidiosos en parte. Envidiamos a los norteamericanos porque supuestamente vienen a quedarse con lo nuestro, cuando en honor a la verdad envidiamos lo que ellos tienen. La clásica manifestación del envidioso es que no ha podido construir algo por culpa del otro. Lo engañaron, se aprovecharon de él, se llevaron lo suyo y eso es lo que les permite a los demás ser maravillosos... ¿Por qué aceptamos una falacia como ésta? ¿Por qué surge en nosotros este tipo de sentimiento?

Se envidia el éxito y no se perdona la caída. Cacho Fontana pagó más culpa social que Videla. "Cuando subís al ring, te sacan hasta el banquito", decía Ringo Bonavena. En una sociedad como la nuestra, el fracaso es un elemento de festejo. ¿Qué es lo que nos convierte en envidiosos, en una sociedad que no premia a los ganadores, que no concibe que alguien que gana dinero pueda obtenerlo gracias a su capacidad y esfuerzo? Y en esta sociedad, ¿quién se atreve a ser un *winner*?

El vivo vive del zonzo
(La corrupción al poder)

Un área del comportamiento argentino donde el cambio, lento, doloroso y aún incompleto, marca un antes y un después fundamental. Con esta expresión patética que hemos puesto como título queremos ejemplificar que el daño principal que produce la corrupción en nuestro país, el saltar las normas éticas, consiste en alimentar la sensación de que con esfuerzo nada se consigue. Esto es lo primero que atenta contra el marco social y es una enseñanza muy dura para las nuevas generaciones.

Se dice que las leyes existen para ser violadas, y se intenta otorgar universalidad a esta apreciación cuando en realidad se trata de una coartada para poder transgredir sin culpas o para no reaccionar frente a la transgresión del otro. Sin embargo, la idea de que el delincuente que cayó en la red de la justicia es básicamente un tonto corresponde más bien al imaginario de una pequeña minoría. La gente común comparte reglas morales, hace un culto de su actividad, siente orgullo por su profesión o por su trabajo y, también, una necesidad de proteger a los suyos.

> Para que un acto delictivo se produzca, se requiere un sujeto sin una conciencia moral, una normatividad y una ética que pongan límites a su accionar. Y también es necesaria una estructura institucional sin demasiados escrúpulos, que tolere la transgresión y facilite el recurso penal.

Obtener privilegios a través de medios ilícitos o ambiguos es estar en los bordes de la ley, en la zona gris de las reglas, que son las áreas donde se dinamizan las ganancias. El efecto es devastador en algunos sectores de la sociedad porque contradice todo lo que la educación promueve. Afortunadamente, los jóvenes son muy críticos frente a esto y logran tener claro ese concepto. Ellos no han sufrido un desaliento histórico y, aunque pueden observar el desaliento en la generación de sus padres, brindan en cambio una mirada nueva. Si sostenemos el código de la mirada que dictan los demás, siempre veremos lo que ellos quieren que veamos.

El discreto encanto de la ilegalidad

Hay ciertos sectores de poder que son corruptos y que instalan una circulación distorsionada de valores, ideales y conductas. Es preciso recordar, sin embargo, que estos argentinos no son *todos los argentinos*. Pero también es cierto que todos los argentinos quedamos de algún modo enganchados como un vagón a la locomotora corrupta. Es como si hubiera un irresistible juego de seducción, una necesidad imperiosa de quedar incluidos.

La calumnia, la difamación y la denigración disuelven el sentimiento de culpa abarcativo, ya que cuando se hacen generalizaciones se vuelve imposible individualizar al responsable de un delito y, por lo tanto, se anula toda responsabilidad. Sin desmerecer competencias parciales, nuestra arraigada voluntad de generalización y de equivalencia lleva a que la culpa, un factor que marcaría dichas responsabilidades, se disuelva. Hay quienes manejan hábilmente esta ausencia, y la pregunta sería por qué una mayoría de argentinos cae tan fácilmente en este juego.

Hasta la restitución de la democracia, no había ningún tipo de respeto por la ley sustancial sobre la que se asienta la noción de república: la Constitución. Cualquier presidente podía ser volteado, de un día para otro, por cualquier militar sin que nadie se lo impidiese. Sólo primaban la conveniencia de intereses y la aplicación de la fuerza. Afortunadamente, en estos años se ha producido una evolución mayor con respecto a la internalización de la noción de país. Esto tiene que ver con un sinnúmero de factores, entre ellos, el fenómeno de Semana Santa, en 1987, cuando la gente comenzó a reconocer que la democracia era un patrimonio inalienable. Entonces hubo un cambio de actitud muy singular que llevó a que las personas reaccionaran por primera vez en forma coordinada, y no leyendo diarios en sus casas o corriendo al supermercado para comprar fideos.

Pasar por tontos

El sentimiento más agraviante que puede soportar una persona honesta es que por momentos se sienta un estúpido en razón de dicha honestidad. La honestidad, que en el pasado era un valor cardinal, hoy aparece como un peligroso mecanismo que puede conducir al sujeto a tomar decisiones que nada tengan que ver con su voluntad. "Yo no sirvo porque no soy corrupto —piensa—. No sé cómo serlo ni tengo los medios, pero... déjenme hacer el esfuerzo para no sentirme tan mal..."

El mecanismo involucrado en la corrupción tiene un efecto centrífugo y uno centrípeto: hacia adentro establece sus propias reglas y su propia área de impunidad a través de la parálisis de la justicia. Y por otro lado, en forma centrífuga, lanza un mensaje según el cual el honesto es honesto por omisión, porque no tiene los medios o la posibilidad de ser corrupto.

Parte de la problemática del argentino medio es entonces que la honestidad ha quedado asociada a la estupidez y la impotencia. La idea sería que el honesto lo es como resultado de una resignación, no de una elección. Pero el corrupto cree en algo que no puede demostrarse: "si ustedes pudieran ser deshonestos —piensa—, también lo serían", y con ello propone que no existen valores éticos auténticos, fuertes y propios, sino que éstos son impuestos desde afuera y en función del temor al castigo exterior. En el interior del ser humano, no habría señal alguna de honestidad.

Lo terrible de este mensaje es que el intento de validarlo a través de una ejemplificación lleva a la desintegración de convicciones personales, algo que puede terminar convirtiendo en deshonesto a un sujeto tan sólo para evitar sentirse un tonto. La autoestima a veces prefiere protegerse de la estupidez mediante la deshonestidad. Esta distorsión es la ideología que sustenta la corrupción, y genera un grado de desaliento muy grande en la comunidad y un profundo sentimiento de desesperanza.

El efecto devastador de este mecanismo también está asociado a la falta de ejemplaridad y la evitación del castigo. Las sociedades necesitan ejemplos, pero a veces el ejemplo se instala únicamente a los fines de ocultar la impunidad, es decir que se condena a alguien para poder extender la impunidad al resto. En países como Italia, por ejemplo, cuyos niveles de corrupción eran altísimos, con la *Mani pulite* tres mil setecientos "personajes" fueron juzgados y hoy tienen que cumplir condenas de hasta diez, doce y quince años. En la Argentina, en cambio, lo corriente es que se busque un "chivo expiatorio" para todo.

¿Ser o no ser... corruptos?

Ante la ineficacia de la justicia, la noción misma de justicia se diluye. O lo que es lo mismo, ésta tiene verdadero sentido en la medida en que se la practica. Como contenido abstracto, sin contemplar su aplicación, la justicia no existe.

La necesidad de la aplicación de la ley reside en que ésta cobre existencia en el interior de las personas. La anarquía de los impulsos y el estado de confusión generados a partir de su ausencia desembocan en conductas transgresivas. La desazón que provoca la desintegración de las normas genera temor, y ese temor puede llevar a la violencia y la transgresión como formas imaginarias, mágicas y ficticias de protección.

La nuestra es una sociedad en la que el miedo ha circulado de un modo importante. ¿Cómo se asocia el miedo a la corrupción? Una de las fantasías es creer

75

que está siempre ligado al temor al castigo y que ese temor evita la corrupción. Sin embargo, el miedo provoca como respuesta paradójica un sistema de soluciones parciales e individuales que excluyen al otro, genera una gran debilidad, y la debilidad lleva a soluciones que muchas veces no son las legítimas.

Una consecuencia importante del predominio del poder corrupto es el hecho de que el país interesa sólo en la medida en que pueda solucionar los problemas privados, y no como globalidad de pertenencia. El país es una empresa en la cual cada uno tiene que hacer funcionar su economía, más que un lugar donde volcar la energía para convertirlo en algo común y valioso para todos.

La sociedad espera que la política esté al servicio de sus necesidades y no de las de pequeños grupos. Pero los mecanismos involucrados en la corrupción son poderosos y lo primero que buscan penetrar es la justicia, estableciendo leyes que la legitimen. Un ejemplo de esto son las jubilaciones de privilegio; que exista una ley que las justifique no significa que dejen de ser expresión de una corrupción enquistada. Este mecanismo instala monstruosas áreas de privilegio en relación con el resto de la sociedad.

Lo que permite que la corrupción se expanda de un modo tan sencillo, lo que hace que la gente deba someterse a la corrupción de un pequeño grupo, es la imposibilidad de estar interpenetrados y conformar una globalidad o comunidad.

No se trata solamente de que no existe un reconocimiento del otro, sino de cierta sensación de ajenidad, de no pertenencia, de ser un visitante, de que lo común no es propiedad de uno. No percibimos que las transgresiones lastiman lo propio, que los corruptos pueden entrar y dañar nuestro hogar. Si sintiéramos que las instituciones configuran una república y forman parte de nuestras posesiones más valiosas, viviríamos la corrupción como una violación a nuestro hogar y reaccionaríamos en consecuencia, cuidando nuestro sistema de pertenencia, actuando coordinadamente, dentro de la comunidad.

Ni derechos ni humanos

La corrupción tiene que ver con la historia, es inherente a ella. No se trata de un fenómeno de los últimos días: siempre lo hubo, en diversos grados, aunque con menos posibilidades de difundirlo.

El Proceso militar exigió la complicidad de la sociedad civil. Es inevitable pensar en ello cuando hoy sabemos qué ocurría entonces aparte de la tablita de Martínez de Hoz. ¿Cómo reaccionó la gente frente a la opresión y el genocidio? No reaccionando. Apenas lo hacía un sector de la sociedad bastante minoritario; en el resto de las personas fue creándose un escepticismo generalizado y una gran desconfianza.

Justamente aquello que más fue resquebrajando el sentido comunitario es este profundo nivel de desconfianza en cada argentino respecto del otro, en función de las amenazas de secuestro, las muertes, la tortura, durante los golpes militares y las dictaduras de distinto tenor. Porque a la vez se generó un efecto de complicidad sintomática, por acción u omisión, de la sociedad toda. Los que se fueron y los que se quedaron, los que hablaron como los que callaron, los que estaban de acuerdo, los que eran indiferentes, todos tuvimos un grado de participación en la tragedia argentina.

Los militares derrocan presidentes y con esto alteran el sentido simbólico de la institución presidencial. Tanto desde la conducción como desde la representación, el presidente es una figura legítima y honrosa. Cuando un sujeto, de buenas a primeras y en función de la fuerza, destruye esta figura, inmediatamente pone de manifiesto la voluntad que tendrían los sectores culpables de generalizar este orden *de facto*. ¿Cómo? Mediante una campaña previa destinada a formar una mentalidad con un determinado sentido, presentando un consenso o acuerdo en subvertir el orden de derecho. Esto termina creando en la sociedad una vivencia muy fuerte de traición.

La ciudadanía ha tenido que comprobar permanentemente que ciertos sujetos traicionaban a otros y que la fuerza impugnaba a la autoridad legítima, con lo cual se convirtió, en distinto grado, en una sociedad de traidores. (Tendríamos que destacar que las conductas que generan estos sentimientos son anteriores todavía a la dictadura de los años setenta, y tienen que ver con otros golpes militares que fueron instalándose, sin genocidio pero sí mediante una cultura totalitaria. Fundamentalmente, desde 1930, una cultura totalitaria sumada al empleo de la fuerza como herramienta de los intereses políticos de algunos sectores.)

La excusa de la traición debe de ser fuerte como vivencia dado que lleva a distintas actitudes, desde soportar a los traidores hasta ser inoculados por ellos. Por eso es tan importante que en Semana Santa la ciudadanía mostrara una mutación sustancial de su espíritu democrático, y tenemos que poner mucha esperanza respecto de lo que puedan ser las futuras transformaciones en otras áreas de la vida republicana. A pesar de los procesos que se han vivido, existe en el argentino una capacidad de recuperación muy importante.

> Los movimientos de cambio con signo positivo
> son más lentos que los procesos de degradación. Estos
> últimos son procesos mucho más rápidos y catastrófi-
> cos, mientras que los de reconstrucción y de reacondi-
> cionamiento de las esperanzas, de las ilusiones y de
> los sueños son movimientos complejos y menos evi-
> dentes en el corto plazo.

Cuando Galtieri decidió invadir las Islas Malvinas, es decir, cuando los militares intentaron hacer
con los demás lo mismo que hacían con nosotros puer-
tas adentro, creyeron que nada pasaría. Es como si
hubieran razonado que todos toleran golpes, usurpa-
ciones y torturas, así como los toleran los argentinos.
Pero no todo el mundo soporta acciones unilaterales y
no sostenidas en una legalidad consensuada.

Lo que ha sido un testimonio para la gente es que
las cosas son de quien se las apropia y no de aquellos a
quienes les corresponden, con lo cual se produce una
distorsión absoluta de lo correcto y lo justo, de quién
debe ubicarse en cada lugar y quién es propietario de
cada cosa. ¿De quién es esto? De quien tenga la fuerza
de tomarlo, respondía la Argentina cincuenta años
atrás. Con lo cual la violencia y el miedo comenzaron a
prevalecer en la sociedad, y todos sabemos que el miedo puede llevar a negar situaciones para no vernos
obligados a soportarlas o a luchar contra ellas. Incluso
muchas veces conduce a nefastas alianzas, porque lleva a suponer que, de lo contrario, quedaría destruido
el sistema mismo.

La democracia brinda a la sociedad civil la capacidad de internalizar valores. Esta posibilidad es un
cambio muy profundo que no ha sido del todo estima-
do, y se hace posible porque han quedado atrás cin-

cuenta años de degradación política y totalitarismo. Las conductas evasivas impiden analizar los problemas, ya que son maneras de posponer la verdad.

La mancha venenosa

La ley es algo suprapersonal, una instancia que trasciende la voluntad individual, y es creada por los hombres para que circule entre ellos de un modo respetado y eficaz. Si no se reconoce este valor suprapersonal, entonces lo que se enfrentan son meros intereses particulares, que en lugar de resolverse en función de una trascendencia lo hacen mediante la fuerza que cada individuo manifieste a la hora de doblegar al otro. Así es como se crean situaciones donde todos pierden, aun aquellos pocos que supuestamente habrían ganado pero que también están sometidos a avatares y destinos inciertos.

La eficacia de la justicia y sus representantes depende del reconocimiento que de ellos se haga a partir de una dignidad y una trayectoria coherentes con el lugar que ocupan; de lo contrario, la función pierde toda su carga simbólica, que es lo que ha ocurrido en la Argentina. Nadie puede negar que ha habido cierta permisividad para con los delincuentes de parte de los argentinos, que consistía en que la condena social no se ejerciera.

La condena social suele tener mucho peso y, en la medida en que se ejerce, provoca en el ciudadano la sensación de poder formar parte de una comunidad y de un grupo bien articulados o no. Esto que hoy es cosa de todos los días, antes no se observaba ni siquiera de modo excepcional. Pensemos en la cantidad de ilícitos que se cometían. Los funcionarios involucrados eran condenados en términos burocráticos, separados de sus cargos durante un tiempo, pero su lugar en la comunidad no variaba demasiado. Se decía que todo era cuestión de esperar un poco, que en tres o cuatro años nadie recordaría nada. Se apelaba a la desmemoria —la gran debilidad argentina—, porque se sabía que ésta conduce a la impunidad social y otorga permiso para transgredir.

Las famosas marchas "escrache", aun cuando no tengan una incidencia directa, en términos legales, sobre la libertad del sujeto "escrachado", constituyen el ejercicio de una condena y de un castigo que la sociedad le impone y posibilitan una articulación entre sus miembros de modo más eficaz. Durante largos años, la impunidad social fue moneda corriente, y cada argentino la vivió como una muestra de indiferencia y desaprensión.

La condena social es, junto a la investigación periodística, una reacción ante la inmovilidad de la justicia destinada a marcar al delincuente y expulsarlo de la sociedad hasta que pague su culpa y se rehabilite (si lo logra), dado que desde el punto de vista de la justicia las posibilidades de que se lo condene son mínimas. De ahí que la reacción coordinada de la gente haya puesto de manifiesto no sólo un reclamo, sino la decisión de articular una forma de justicia ciudadana, donde la condena sea mucho más rápida y más efectiva que la que se ejerce en el ámbito de los tribunales.

Qué económicas son las balas

En muchísimos lugares del mundo, la violencia urbana, indiscriminada y anónima aparece casi como una descarga, y sus niveles han aumentado considerablemente. Una de las causas tiene que ver con la carencia de estructuras solidarias y de redes comunitarias, que son las que verdaderamente ejercen cierto grado de protección. La sensación de aislamiento puede provocar en el ser humano una vivencia de temor que, como ya se dijo, muchas veces se transforma en violencia. La desesperación genera enormes niveles de angustia, que luego se convierten en defensas delirantes que llevan a ejercer una violencia indiscriminada. En otras ocasiones, lo que estaría en juego es una carga de resentimiento y de rencor muy fuertes.

La Argentina de hoy y el mundo en el que vivimos han generado límites o fronteras donde no existe el adentro y lo marginal, sino este lado y el abismo, la vida plena y la "muerte interna" de aquellos sujetos que han quedado desplazados. El desplazado no se encuentra en una situación de marginalidad —desde la cual aún sería visible y podría ser rescatado—, sino de efecto residual cuyo destino es la muerte.

Los desplazados del sistema serían los nuevos desheredados de la tierra pero en la ciudad, y no tienen ninguna esperanza de otorgarles sentido a sus vidas. Esto provoca altísimos niveles de resentimiento y de rencor que, cuando suceden en la infancia, terminan configurando lo que llamamos "cuadros sociopáticos", algo que vemos con frecuencia en nuestro país pero que veremos con más frecuencia aún si no solucionamos los problemas de base.

Marginación, violencia y odio indiscriminado son productos de la falta de solidaridad estructural. Los sectores que tienen la posibilidad y disponen del excedente económico para solucionarlo, al no hacerlo pagan el costo a través de tragedias personales, con sus propias muertes o con un elevado gasto en sistemas de seguridad. La Argentina gasta dos mil quinientos millones de dólares al año en sostener dichos sistemas. ¿Qué pasaría si se volcara ese dinero en construir un marco de solidaridad y comprensión humana, donde los sectores no estén sumidos en la desesperación?

La exaltación de la seguridad empieza a ser una prueba, un testimonio de la ausencia de solidaridad. ¿Podemos tener esperanzas en el hombre, en nuestro semejante y, yendo más lejos aún, en cada uno de nosotros? ¿Qué imagen podemos tener de nosotros mismos si nuestros semejantes nos resultan tan poco confiables? ¿Habremos construido una estructura social paranoica? ¿Por qué será que, ante la tragedia consumada, los argentinos nos volvemos solidarios como no somos capaces de serlo en períodos de bonanza o de normalidad?

Últimamente, frente a algunos hechos delictivos individuales, el barrio entero sale a la calle. Esto ha generado un nivel de mayor seguridad, pero no por el hecho de sumar personal policial destinado a cuidar del barrio sino porque muchos vecinos descubrieron de pronto que, además de la soledad en la que sentían que vivían, y de los delincuentes siempre al acecho, estaban los otros vecinos, gente como ellos que desean vivir en paz.

Lo importante de esto es que nos excusaría de aceptar programas de seguridad que nada tienen que ver con la solidaridad, y nos libraría de vivir aislados unos de otros y generando espacios artificiales de pseudovida. Si cuando queremos comprar algo tenemos que ir al *shopping* como único lugar referencial para movernos con nuestra familia, si para estar tranquilos nos vemos obligados a mudarnos a un barrio cerrado, si para circular tenemos que acompañarnos de custodia o llevar un arma, lo que hacemos, en definitiva, es desnaturalizar nuestra propia existencia y la de nuestros seres queridos.

Podríamos ir más allá en el análisis de los llamados "sistemas de seguridad" y preguntarnos qué relación hay entre aquellos que custodian y el custodiado, es decir, qué ocurre en los niveles identificatorios: ¿los custodios se identifican con el custodiado o éste con ellos? ¿Cómo solucionar esta tensión? ¿Por qué la gente sospecha que el custodio del vecino puede ser peligroso para ellos y no un sinónimo de seguridad? Muchas veces, esto se vive en el imaginario como una exposición a individuos que en sus ratos libres podrían significar un verdadero riesgo. Tal vez porque muchos de ellos en el pasado formaban parte de aquellas siniestras entidades conocidas como "grupos parapoliciales", que florecieron durante el proceso y que se dedicaban a la tortura y al terrorismo de Estado. Como ocurre siempre, los efectos traumáticos son posteriores, por largo tiempo, al acontecimiento mismo.

Cuando la democracia fue restablecida, la gente se sintió aliviada porque suponía que ya no iba a ser objeto de la violencia estructural del Estado. Sin embargo, hoy sentimos un peligro que nos involucra a todos. Antes uno temía que le secuestraran a un hijo, mientras que hoy se teme que pueda pasarle algo a la salida del baile. Este miedo que nos envuelve en un marco de paranoia, supervigilancia y pésima calidad de vida es tremendamente irónico, porque recién ahora los funcionarios parecen advertir que no es posible que un país tenga un 16% de desocupación sin que eso genere nefastas consecuencias. Es decir que la desidia tiene un costo que supera en mucho al de la prevención, y la incapacidad política para solucionar los problemas del país termina siendo una máquina asesina para el resto de los ciudadanos.

¿Cuáles podrían ser las conductas a seguir ante el desafío de la marginación y la violencia? La forma más adecuada sería trabajar en tres niveles básicos, que son el preventivo, el de contención terapéutica inmediata una vez acontecido el hecho (o por acontecer) y el de rehabilitación.

El nivel preventivo involucraría el ejercicio de un sistema de justicia tal que se aplicara al cumplimiento y al estricto respeto de la ley y, a la vez, que no se burlara del delito dejando libres a los responsables. Una vez que se efectúe un ejercicio severo y acorde con la ley, serán los organismos de seguridad de la policía los que brinden un acercamiento a las personas que eleve los niveles de confianza. Esto posibilitaría otro trabajo sobre lo preventivo, que es esencial y que se refiere a las condiciones socioeconómicas, una acción que impida la instalación de situaciones de delito causadas por la miseria y la exclusión.

Sería indispensable que se trabajaran en las escuelas las nociones de "violencia" y "asistencia", y que, en el nivel de contención, se crearan organizaciones, estatales y privadas, destinadas al cuidado y al apoyo social.

Una vez individualizadas las situaciones que generan el delito, y apresado el delincuente, ¿qué haríamos con él? Una posibilidad sería convertirlo en un delincuente más temerario enterrándolo en una cárcel, inapropiada, contaminante y que empeora, con lo cual estaríamos admitiendo condenas a muerte encubiertas y creando una suerte de retroalimentación potencial de la delincuencia. La otra opción sería incluir un ejercicio serio de rehabilitación durante el período de reclusión.

La rehabilitación tiene que ver con el trabajo de contención y prevención que hay que efectuar con cada delincuente para proteger a toda la sociedad de su accionar reactivo, protegerlo a él de sí mismo y descubrir qué alternativas tiene de mejorar. Pero nada de esto se hace en nuestro país, lo cual, sumado a la falta de prevención y a la exclusión social, conduce a una derivación exponencial de la delincuencia.

Financistas de la política o joint venture de luxe

En el pasado había una distancia o autoextranjeridad en la propia tierra cuya expresión característica era: "no te metas en política". Antes del genocidio de la década de 1970, las familias burguesas insistían mucho en esto. ¿Por qué se le decía a una persona que no se metiera en política? ¿Por qué los padres repetían esto a sus hijos? O entre compañeros, el más sensato era ese que jamás había puesto un pie en el Centro de Estudiantes y que decía que al colegio o a la facultad se iba a estudiar.

No había que meterse en política porque se creía que esta actividad era peligrosa, sucia y deshonesta. La preocupación se centraba en el prestigio, algo que por entonces importaba más que el dinero. Después todo cambió, había que meterse en política porque, aunque uno se desprestigiara, ¡se llenaba los bolsillos! La actividad comenzó a ser asociada a la violencia, a una mayor exposición al peligro, si bien es cierto que, desde 1930, de un modo u otro siempre hubo violencia en la Argentina.

> Es justamente porque nuestra profesión es ajena a nuestro país y nuestro destino personal ajeno al destino común, que somos extranjeros dentro de nuestro propio suelo. El nivel de extranjeridad respecto de la propia nación, el "no te metás", es lo mismo que suponer que lo que le pase a cada ciudadano es independiente de lo que le pase al país, lo cual es absurdo.

En 1983, Alfonsín inaugura la participación en política de una clase media burguesa anteriormente apolítica. Es como si la gente hubiese comprendido que ya no podía dejar un vacío político, porque en tal caso ese vacío sería llenado por otros. Hoy se tiene conciencia de que la no intervención es una alucinación destinada a negar la realidad. Y este cambio en el argentino tiene signo positivo.

La NASA no queda en Buenos Aires
(Educación y excelencia: una pareja en aprietos)

En la Argentina, la educación está orientada a una mecánica que podríamos denominar "pasar la etapa". Es un camino que se transita, una autopista recreativa que generalmente no conduce a ninguna parte. En ese viaje, la excelencia no es una condición indispensable, dado que no existe una valoración del esfuerzo. Esta desacreditación se vincula con la permisión de recursos ilícitos, que sustituyen a los idóneos, adecuados o meritorios.

Vamos que venimos, o sobre los deformadores de opinión

En este fin de siglo, la televisión y la radio han adquirido un lugar preponderante frente a la educación tradicional. El argentino tiende a buscar referentes en estos ámbitos, y a adjudicarles una alta valoración y una capacidad ilimitada. Esto ha suscitado el entronizamiento de una serie de personajes que, en calidad de gurúes, profetas o fiscales, han intentado desarmar las significaciones de lo que ocurre. Son los dueños de la información y tienen facultades poco menos que oraculares.

¿A quiénes les adjudican los argentinos estos lugares privilegiados? Curiosamente, se los adjudican a los periodistas y expertos, y éstos, forzados por un lado y tentados por el otro a adoptar ciertos roles que van mucho más allá de su papel informativo, se convierten en abarcativos opinadores que sentencian sobre el país y sus habitantes en forma absolutamente global. ¿En qué se basan los argentinos para elegir a estas figuras como sus referentes válidos? ¿En la formación que tienen? ¿En su capacitación en distintas áreas, en las publicaciones con las que cuentan (todo lo cual los habilitaría a desempeñar legítimamente determinadas funciones)? La gente cree que ellos no necesitan semejantes pruebas de aptitud, pero a la vez los han convertido en "las voces de la denuncia".

A veces, se trata de personas que no saben más que su audiencia; sin embargo, a ésta le es suficiente con que tengan cierto poder de penetración para no exigirles otra cosa. Esta tendencia al encumbramiento sumada a la ausencia absoluta de fundamentación hace que uno termine creyendo que nada importa demasiado.

Los medios de comunicación electrónicos pueden recortar ciertas figuras y otorgarles el poder de ser escuchadas por un gran número de personas, poder que en general no contempla en absoluto la idoneidad de aquéllas. Este factor es determinante en la percepción del público a la hora de encontrar su lugar. Cuando se trata de elegir, lo que cuenta es la imagen y la popularidad. Así, los efectos de fascinación han sustituido a la reflexión, lo cual posibilita que cualquiera que tenga un rostro más o menos conocido, o que goce de cierta popularidad en determinado ámbito, inmediatamente adquiera el carácter de atractivo en todos los ámbitos.

¿Por qué les adjudicamos nuestro interés y nuestra atención? Puede ser que realmente nos importe lo que esa persona opina, que nos guste verla cuando habla o, simplemente, como tendemos a otorgar a la popularidad y la imagen una omnipotencia tal, escuchamos cualquier cosa sin siquiera inmutarnos. O no escuchamos nada en absoluto. ¿No será que la gente más bien mira a la persona cuando habla pero no presta atención a lo que dice? La radio todavía conserva ese poder de capilla que brinda la oralidad; la televisión, en cambio, apuesta todo a la carga hipnótica de la imagen.

Una escucha muy particular es producto de esta fuerza mediática. Hoy se atiende parcialmente y sin que se lleve a cabo un registro significativo de la información, es decir que existiría una especie de acorazamiento que impide que lo que se recibe tenga un efecto mutativo. Se escucha desde un lugar donde lo previsible juega un papel principal: como la sorpresa provoca cierto nivel de angustia, la audiencia intenta no ser sorprendida. Vivimos en el mundo de lo previsible, lo cual produce una suerte de placer que es el de la coincidencia: "Pienso igual que Fulano", pero no se advierte que lo que se produce es apenas un juego de identificaciones narcisistas.

El riesgo que existe es que el opinador termine perdiendo la noción de los propios límites y competencias. Juega también la banalización: se ha perdido de vista, en términos de valores e ideales, qué es lo importante, lo significativo, lo que aporta algo nuevo. Entonces, el opinador piensa: "¿Por qué no voy a hablar de cómo se siente un gaucho cuando se le mueren dos vacas aunque yo jamás haya ido al campo? No sé qué es un gaucho y, además, el olor a bosta me descompone. Pero en esta constante de permanentes traspolaciones que se hacen en la Argentina, puedo res-

91

ponder acerca de todo". De este modo, se establece una complicidad entre el que pregunta, el que responde y el que escucha. Nada importa demasiado en el reino de la banalización; lo único que importa es llenar espacios.

> En un nivel de aislamiento tan grande como el que hoy se vive, la imagen de un personaje hablando desde la pantalla adquiere, en función de una fantasía ilusoria, la condición de dialoguista con los espectadores; entonces, parte de lo que se satisface sería la sensación de estar en contacto, el hecho de poder evitar la soledad e instalar una supuesta conversación.

Esta distorsión del verdadero diálogo, distorsión que consiste en una sucesión de enunciados conocidos de personajes conocidos, interrogados por "figuras" también conocidas, brinda la ilusión de inclusión, la fantasía de poder salir del aislamiento y estar comunicados. Pero es sólo una fantasía. Como se dice en la televisión, "vamos que venimos".

Muñeca brava en Kosovo

Cuando el periodismo se convierte en fiscal, la gente a su vez piensa que la manera de protestar no es convocarse en Plaza de Mayo sino presentarse en un programa de televisión. Este cambio de papeles tiene que ver con sustituir lugares que han sido abandonados por sus protagonistas y con suplir necesidades y carencias que el Estado y las instituciones mismas promueven. También con jugar roles omnipotentes. Así, los escenarios de debate cambian, los tribunales son suplantados por los canales, y el espacio geográfico y el ambiente en el que la vida transcurre se convierten en un inmenso *set* de grabación.

Dejando de lado el importante nivel de denuncia periodística como uno de los aspectos más destacables de la actividad, lo cierto es que los cambios señalados generan una gran dificultad a la hora de separar lo ficcional de lo real. Sobre esto, Umberto Eco[5] sostiene que el problema fundamental de la comunicación masiva es que las personas le dan un mismo estatus de realidad emocional a la telenovela que acaban de ver que aquel que le otorgan al suceso que acaba de ocurrir y que es transmitido por la televisión. En consecuencia, se produciría una "novelización" de la noticia que impediría su análisis racional.

El hecho de no poder descubrir cuándo algo pertenece al orden real y cuándo al ficcional altera la afectividad y la sensibilidad de las personas. Y si éstas escuchan del mismo modo una noticia periodística que la novela de la tarde, en último término la percepción operará siempre en el nivel de lo emocional, y lo que trabajará escasamente en el análisis de la noticia será justamente el pensamiento crítico.

En los argentinos predomina la tendencia a apostar siempre por lo emocional. En un país donde el mito de la universidad de la calle está vigente, donde se da por sentado que la improvisación puede sustituir a la capacitación, y donde el chanterío y la inadecuación suplantan a la especificidad y la exigencia, forzosamente lo emocional termina por prevalecer frente a lo racional. Por comodidad, el argentino apuesta a lo intuitivo, que requiere menor esfuerzo. Así, se le otorga a lo ficcional un poder simbólico enorme y a lo real un lugar novelesco y subsidiario.

En la medida en que está incluida en una reunión de otras noticias que tienen que ver con el mundo de la ficción y de la frivolidad, cualquier información pierde jerarquía, y el espectador, prioritariamente sostenido por lo emocional, no sabe qué valor otorgarle a cada cosa. De pronto, el llanto de una mujer que perdió a su cachorro cobra un valor adicional equivalente al llanto de una madre en Kosovo a quien le bombardearon su casa, lo cual fomenta un nivel de banalización de la información que lleva a la indiferencia. Y esta indiferencia, en caso de potenciarse, se acerca a la crueldad.

Los argentinos, cuando enfrentamos un problema, ponemos una tremenda carga pasional. El nuestro es un país de soluciones demagógicas porque la gente, desde lo emocional, demanda esa clase de respuestas.

Y usted, ¿qué opina?

Los argentinos le confieren un alto valor a la opinión, pero sin exigirle a ésta una fundamentación suficiente en el sentido "fuerte" de la palabra. En consecuencia, confunden libertad de expresión con la impunidad para decir cualquier cosa. Se considera que la opinión no merece un lugar relevante, cuando en verdad es uno de los aportes más jerarquizados a la hora de esclarecer los temas. Se piden opiniones de modo indiscriminado y termina llamándose opinión al chanterío, a la conversación banal, y encima se la toma como referencia.

La fundamentación posibilita una confrontación genuina cuando se debaten ideas mediante argumentos. En este sentido, en la Argentina se pierde el respeto por la opinión porque puede emitirla cualquiera. En el contexto de la filosofía clásica, la diferencia entre *episteme* y *doxa* (sabiduría y opinión, respectivamente), propuesta por Platón, no consiste en que la primera exija fundamentación y la *doxa* no. La *episteme* se refiere a la verdad verificable y se emparienta con la lógica, pero la *doxa* requiere también una fundamentación, sostenida en la coherencia de lo que se dice, en el conocimiento de lo que se habla y en la honestidad de lo que se propone. A partir de ahí es que se le exige a la opinión un valor altísimo de probidad. Por lo tanto, es otro el lugar que tiene la opinión en la filosofía.

Para los argentinos, ese lugar está bastante ligado a los opinadores, a los entrevistadores y a los entrevistados. Si la persona que es "distinguida" para opinar es inteligente y "ubicada", se negará a hablar de lo que no sabe sin por ello sentirse disminuida. En cambio para el resto, en tanto identifican aparecer en los medios con existir, el hecho de no responder sería lo mismo que dejar de ser.

Los agentes encargados de brindar la información no siempre le dan al espectador la chance de examinar aquello que trasciende su inmediatez, de analizar desde su lugar algo que se proyecta como más lejano, como estructuralmente más fundamental y como causa de muchos cambios que lo afectarán también a él en su individualidad, aunque no lo advierta de modo inmediato. En lugar de que un sujeto pueda acceder a lo que está más allá de su mundo privado, se intenta acomodar aquello a su cotidianidad, lo cual genera un empobrecimiento de la verdadera dimensión de las cosas.

Los diarios importantes de Buenos Aires, junto a la información sobre las jubilaciones y los desastres ecológicos, a veces ponen como noticia de primera plana sucesos banales como, por ejemplo, que en un remoto lugar de la provincia un individuo fue condenado a pagar una multa por haber dejado a la novia plantada en el altar. Esta página constituye un espacio de perplejidad que se percibe como el lugar de la reflexión, de la jerarquización de la noticia; pero en casos como éstos, parecería que de lo que se trata es de encontrarle al mundo un espacio dentro de lo cotidiano del sujeto, más que de permitir que la información y el análisis aproximen a éste a una dimensión más amplia.

Una falacia bastante recurrente en los medios consiste en suponer que la audiencia pide banalidades y que lo serio aburre. Si la gente no quiere ver cosas "serias", tal vez sea porque se le ha dado tan poco que no ha tenido la posibilidad de hacer una experiencia de gratificación suficiente como para sentir el estímulo de desear repetirla. O porque algunos confunden profundidad, aventura de pensar, con solemnidad absurda y vacía.

La triste historia de Pepito Pérez y la modelo

Ser famoso consiste en aparecer mucho en la televisión y las revistas, más que en decir algo que valga la pena. Esta entidad denominada "los famosos" son el centro de las opiniones de la gente común. El punto es la condición de descartable que tiene hoy el ser humano en nuestra sociedad. Una modelo empieza a salir con un tipo desconocido que se llama Pepito Pérez y a partir de ese momento él es "el novio de". A los seis meses la modelo lo deja, y Pepito se convierte en "el ex de", aunque se trate del premio Nobel de Medicina.

Los medios se manejan en función de lo que llamaríamos "un elenco estable" de figuras, que son los rostros de la comunicación y de la sociedad. Esos "ex" de distintas personas, ya sean modelos si se trata de relaciones amorosas, ayudantes o asistentes en las relaciones laborales, o consejeros en las relaciones políticas, tienen para la gente el atractivo de conocer el secreto del poderoso o la intimidad de la diva. En consecuencia, se les otorga cierto respeto porque han logrado que quien tanto vale los haya querido, aunque sea por un instante, y ellos han sabido ser elegidos por aquellos por quienes vale la pena ser queridos. Se suscitan identificaciones: "Si aquel que no era nadie, ese Pepito Pérez, pudo, por qué no voy a poder yo", de modo que lo que estos individuos hacen es servir como sostén de las ilusiones del resto. En el mundo del espectáculo, Pepito Pérez le otorgaría un marco de realidad a la ficción más disparatada.

El tipo es "el ex de" pero todo dura un momento, porque su función es sostener a la figura para que se hable de ella durante el tiempo en que mantiene el carácter de diva. Hay mucho de prescindibilidad y de material descartable en el ser humano en función de la imagen, dado que la imagen se gasta de modo vertiginoso. (Como en una cárcel, los años frente a los medios se cuentan por dos...)

Lo atamos con alambre

El argentino no sólo le otorga a la opinión casual un lugar de privilegio. También la experiencia y la transmisión oral se ubican entre sus favoritos. Se supone que el afuera, la calle, el trabajo concreto, lo no académico, lo que no tiene que ver con teorías, es lo que conforma realmente el saber. ¿De dónde proviene esta fantasía?

Una causa estaría emparentada con la inmigración. El inmigrante no tenía tiempo para ponerse a estudiar, sino que se vio obligado a "hacerse solo", a aprender a través de los errores. Para él no había una segunda vuelta, sino que fue haciendo su camino a la vez que trataba de capitalizar esa experiencia. Al padecer de múltiples carencias, entre ellas del factor académico, el inmigrante se vio obligado a transformarse en un verdadero autodidacta. Así empieza a conformarse en la Argentina la teoría del que "se hace solo". Y en lugar de considerarse este hecho como un camino obligado por una necesidad histórica, devino en una condición idealizada.

Pero también existen otros factores que explican esta fantasía. La experiencia nos enfrenta a situaciones que podríamos evitar si las previéramos, pero este saber de antemano exige un trabajo de concentración, de estudio y dedicación que no todos están dispuestos a realizar. La dificultad en el esfuerzo intelectual lleva a preferir la acción concreta. Cierta urgencia en ganar, en comprobar resultados, juega en favor del pensamiento mágico. Es la fantasía megalomaníaca del argentino, el famoso "se me dio", "soy Gardel", "la pegué justo" o "tengo un ojo bárbaro". Estudiar requiere tiempo y paciencia. Se trata de aceptar límites, y moverse entre muchas posibilidades y escasas certezas. La universidad de la calle, en cambio, es el imperio de la inmediatez.

Otra razón estaría emparentada con la virilidad. Los argentinos creen que "tener calle" es ser más macho. Detrás de esta creencia se esconde entonces un elemento sexual: salir "a pelearla" exhibiría un elevado nivel de potencia, en tanto que la elección por el estudio pondría en evidencia algo así como una debilidad constitucional. Es innegable que la experiencia directa puede conducir al fracaso, a sufrir los golpes que da la vida. La "garra" del argentino encubriría entonces un sentimiento de placer con erotización masoquista en hacerse "bolsa" y empezar de nuevo.

Otro elemento implícito en la idea de la universidad de la calle es la ausencia de una valoración real con respecto al estudio. Sigue siendo un segmento muy limitado el que cree en el poder transformador del conocimiento. La mayoría de las personas piensa que el estudio sólo es importante en la medida en que permita ganar dinero. De ahí que si en la acción directa pueden ganar mucho, podrán prescindir de la auto-exigencia intelectual.

No hay un respeto por el saber como fuente de indagación, de renovación y revolución de posiciones. No existe una verdadera estima por el conocimiento, por eso, la educación nunca ha sido bien valorada. Y como tenemos la mirada puesta en Europa, suponemos que, si queremos formarnos en serio, debemos hacer las valijas.

Jauretche decía que la picardía del argentino es sólo desesperación, un acto dramático donde la manera de soslayar o elaborar una realidad consiste en tragarse el propio mito. Los argentinos nacimos sabiéndolo todo... (aunque, por las dudas, tenemos parientes en las mesas de examen).

Lo inventé yo

En Colombia circula un chiste sobre el argentino fanfarrón, verdadero diplomado en la universidad de la calle. Dicen que el negocio sería comprar a un argentino por lo que vale y venderlo por lo que cree que vale. Y que, cuando hay relámpagos, el argentino mira al cielo y sonríe porque cree que Dios está sacándole fotos.

En nuestra identidad hay mucho de fanfarronería, pero este comportamiento esconde otras conductas. El argentino fanfarrón siempre está buscando que lo admiren, siempre quiere ser el dueño de la pelota. Pero a esta radiografía le falta un dato: el fanfarrón es, básicamente, un tipo temeroso e inseguro. Y porque teme sentirse débil y quedar burlado, se burla de los otros. Su conducta reactiva es una pésima elaboración defensiva, en la cual la inseguridad, el temor y la carencia, en lugar de manifestarse a través del fortalecimiento, el aprendizaje y la solidaridad, se transforman en caricaturas vacías, que pretenden una admiración a través del engaño, la mentira y el truco.

Este comportamiento mítico es sostenido por la comunidad toda. Cuando una persona se exhibe frente al público se siente obligada a demostrar que es inteligente, a opinar de modo lúcido, a mostrar que sabe mucho más que cualquiera, y, como en un juego de espejos, el otro lo sostiene para que, cuando llegue su hora, sea sostenido por él.

Desde un enfoque psicoanalítico, el carácter fanfarrón está ligado también a aquella ausencia de un referente paterno sano y útil que señalamos al comienzo, un padre protector y generador del crecimiento del hijo, de su independencia, que lo nutra sin una acción opresiva y que esté presente en lugar de ausentarse abandónicamente. Cuando la búsqueda del padre es fallida genera pseudolíderes en lugar de dirigentes, o lleva a suponer que, por ejemplo, un boxeador bueno para el estándar argentino es el mejor del mundo, y después nos sorprendemos cuando un rival lo derrota.

La compensación que realiza el fanfarrón consiste en admitir la derrota, pero como una derrota injusta. El azar forma parte de su lógica, aunque como una carta de los "vivos", de los elegidos de Dios, de los que nacen sabiendo. Cuando juega para el equipo contrario, el fanfarrón lo siente como una verdadera injusticia e ingresa en la variante melancólica de la mala suerte. La realidad, cuando nos frustra, no es aceptada sino padecida.

En el orden individual intrapsíquico, el fanfarrón también es algo así como una caricatura del padre ausente. El modo de personificar a un padre que no se tuvo es transformarlo en todopoderoso, lo cual conduce a una versión payasesca del poder y de la fuerza.

Vivimos en un país donde la ciudadanía tiene una lista de reclamos para hacerle a la clase política pero no confía en el mensaje que ésta propone. La falta de credibilidad se extiende a los otros y comienzan a imperar las pseudoverdades en reemplazo de las verdades. Esta distorsión va en busca de un rol paterno imaginario, sobrevalorado, imposible de llenar, y dicha incapacidad hace que desde el punto de vista de la figura comunitaria, este sistema genere un alto grado de desaliento, de desconfianza y de desilusión, antes incluso de que el otro asuma las acciones reales para modificar lo que se le solicita.

Cuando construimos personajes mágicamente carismáticos y les otorgamos un poder y un saber muy superior al que verdaderamente tienen, ellos se ven, desde su ambición, tentados a asumirlo. Así, entramos en un pacto con los dirigentes cuyo aspecto oculto es que tanto ellos como nosotros sabemos que nada podrán realizar. Algunas veces se llegó a creer en la ilusión, y de allí partieron muchas de las tragedias argentinas.

En la medida en que esperemos que opere la magia en lugar de reclamar la excelencia, tendremos dirigentes pobres que no podrán cumplir ni con una ni con otra. Nada se logra si se parte de áreas divorciadas de la razón y de la materialización de los proyectos.

En esta historia, la excelencia no es algo que se exija. En último término, porque sabemos que actuamos así en nuestra propia individualidad, conformamos un grupo poco creíble de sujetos entramados en una masa organizada de un modo infantil y dependiente, y no en una trama comunitaria solidaria, efectiva y adulta.

Hoy la única defensa válida es terminar de una vez por todas con aquellas figuras que podrían emparentarnos nuevamente con la muerte. El argentino ha comenzado a privilegiar a individuos que no se arrogan soluciones omnipotentes frente a los problemas de todos. El padre genocida del proceso militar, el padre abusador, violador, ha caído en el descrédito. En su lugar se expresa la necesidad de encontrar una figura dirigencial coherente y de no sustituir la ausencia de la imagen paterna con una figura grotesca.

Sólo sé que solo no sé nada

La globalización está ligada al conocimiento y a la posibilidad, no sólo de introducirnos en el mundo de los otros, sino de que ellos ingresen también en nuestro mundo. Si bien los medios tienen un efecto manipulador-hipnótico, lo cierto es que hacen posible una libertad y una circulación de la información que inevitablemente generan conocimiento y, en un terreno en que no sea totalmente estéril, producen ciertos cambios. En algún sentido, la globalización es la democratización de la información, dado que los medios electrónicos posibilitan que la gente acceda a lo que antes era privilegio de unos pocos.

Toda situación de cambio y toda mutación estructural tienen aspectos positivos y aspectos negativos, y la globalización no escapa a ello. Varios son los aspectos positivos, como por ejemplo, la libertad para transmitir información, el acceso al mundo de los otros, el cambio de paradigmas. Pero en los países más desarrollados, el perfeccionamiento, el compromiso y la inversión que se realizan en el área educativa están muy alejados de la utilización política que se hace de ella en la Argentina. El hecho de que el Estado y las empresas privadas minimicen la importancia de la investigación y el desarrollo no es un dato accesorio, sino que ilustra la tendencia a la improvisación. Y no es un secreto que la pérdida de la excelencia lleva al empobrecimiento.

El ser humano no progresa en la individualidad sino en la relación con otros seres humanos. Las medidas son siempre en función de referentes comparativos. Si en un determinado momento avanzamos a un ritmo que, frente al avance de otras sociedades y áreas geográficas del mundo, resulta lento, retrasado y pobre, el nivel de retraso en el que iremos quedando será cada vez mayor. En otros tiempos, no avanzar significaba estancarse. Hoy en día es sinónimo de involución. Antes no se palpaba de modo tan dramático la desactualización que implicaba no estar a la altura de los logros de nuestros competidores. Pero hoy no podemos eludir este desafío cerrando los ojos. En tanto no tomemos en cuenta el imperativo del progreso y nos detengamos en conductas estancadas y regresivas, la verdad de la diferencia seguirá siendo un cachetazo cotidiano.

La política ha desdibujado una educación que pudiera progresar de modo independiente, lo que generó el destronamiento de la universidad argentina como un lugar de privilegio de dicha educación. Mientras tanto, el argentino advierte cada vez con más claridad que el bienestar está ligado al conocimiento, y que el conocimiento es una herramienta de transformación socioeconómica. Que el capital intelectual y el humano son los factores claves para desarrollar y transformar a una sociedad, y que ciertos países que se proyectan como timones del futuro están convencidos de que su desarrollo depende del conocimiento y la capacitación de sus habitantes.

Los argentinos no sabemos muy bien de qué se trata, pero sí advertimos que el conocimiento está ligado a la investigación, que la investigación requiere esfuerzo además de talento, que demanda una fuerte inversión económica que tiene que provenir del Estado y también de empresas privadas, y que sólo tenemos una opción: encontrar la fórmula o quedar afuera. La educación reclama un lugar de dignidad para salir del grave estado deficitario en que hoy se encuentra. Y en este punto, la clase media —la columna vertebral de la sociedad— al parecer está tomando conciencia.

> En esa distribución de tareas, el Estado y la comunidad deben tomar conciencia de que el rol de protagonistas es algo ineludible. El Estado debe tener una capacidad estratégica de planificación de todas las fuerzas de la sociedad y darse cuenta de una vez por todas de que aquellos que invierten en educación hacen un buen negocio. No se trata de generosos altruistas, sino más bien de los protagonistas de un compromiso, que desean preservarse como empresarios y quieren ocupar un lugar fuerte dentro del mundo económico. En un país de pobres sin educación, nadie gana y todos pierden.

El argentino siempre se ha negado a efectuar una planificación ya que la considera como inhumana en razón de que, supuestamente, se obligaría al individuo a inclinarse por determinadas cosas. En cambio, la supuesta libertad de que cada uno elija lo que quiere ser termina en que nunca nadie consigue hacer lo que quiere, y tiene que desarrollar una actividad que no le sirve ni a él ni al país. "Por accidente", el argentino generalmente termina desempeñándose en áreas de trabajo en las que no pensaba que terminaría. Normalmente, estudia y se prepara para una cosa y acaba haciendo otra. La imagen del arquitecto que maneja un taxi o el abogado que vende libros muestran claramente la dificultad que la sociedad tiene de absorber a sus profesionales en las áreas y en la cantidad necesarias.

El logro de resultados no es una instancia inmediata, sino que lleva tiempo y continuidad, cosa que a los argentinos nos cuesta mucho. En la Argentina, sostener la continuidad es una tarea ciclópea, ya que nuestra sociedad se mueve por impulso, por sistemas de premios y castigos, por fascinación y por modas.

Nuestro costado emocional cubre todo el panorama y distorsiona las cosas. Cada argentino se siente el hijo único a quien le correspondería un destino distinto del que tuvo ("Yo estoy para otra cosa", dice), un lugar que supuestamente le habría sido robado. Esto lo convierte en un acreedor permanente, más que en un sujeto con voluntad propia. La dificultad del primogénito para soportar la presencia de sus hermanos subsiguientes genera a la vez un tremendo impedimento a la hora de establecer alianzas y conformar una familia. En estos casos, las alianzas sólo funcionan cuando se trata de derrotar a otro, nunca de lograr la convergencia de fuerzas para hacer algo positivo.

Es verdad que la incapacidad para desarrollar un proyecto colectivo hace que el argentino tenga una capacidad individual ilimitada, que le permite desempeñar tareas muy superiores a sus posibilidades. De acuerdo con este esquema, el argentino que llega a ser director de la NASA o es reconocido como el mejor cirujano de los Estados Unidos se sostendría en parte en esa ausencia original de una historia de vinculación con los otros. Es decir que la exigencia al individualismo que siente el argentino en función de la falta de proyectos en común tendría un matiz positivo en el balance general.

Pero no hay que olvidar que este trabajo personal debe ir de la mano de un proyecto colectivo que permita alcanzar los objetivos propuestos. De lo contrario, terminaríamos creyendo que lo importante es el director argentino de la NASA y no la NASA. Los argentinos, gracias a un desarrollo individual forzado, alcanzamos ciertos logros que, de otro modo, serían imposibles porque no tenemos proyectos colectivos. Si los tuviéramos, sería innecesario tanto esfuerzo individual.

Lo interesante sería comprobar que la capacidad individual puede convertirse en un beneficio no sólo para uno mismo sino para toda la sociedad si se cuenta con una estructura de equipo y de seriedad como sostén. Entonces, un argentino bien puede ser director de la NASA, pero sin que eso nos sorprenda en absoluto. Si no lo decimos de este modo, caeríamos de nuevo en la tesis del héroe argentino no reconocido, que es justamente lo que pretendemos criticar.

La gran familia argentina
(Un llamado a la solidaridad)

¿De qué manera las condiciones ambientales y sociales contribuyen a acrecentar en los argentinos las conductas de indiferencia y aislamiento? ¿Hasta qué punto la conformación social, los medios electrónicos y las características del paisaje urbano extienden cada vez más estas áreas que generan en nosotros una vivencia de profunda soledad?

Existe una gran dificultad en el argentino a la hora de establecer relaciones verdaderas y duraderas, lo cual se ve potenciado por la tranquilidad que produce no generar compromisos. Somos más cómodos que solidarios, y no tenemos en cuenta que esta forma de egoísmo que es la indiferencia se vuelve en contra del indiferente mismo, quien acaba siendo su primera víctima. Al no reconocer a nuestro prójimo, impedimos que se configure una relación, limitando enormemente uno de los órdenes principales que nos permiten tener noción de nuestra propia identidad.

Muchas veces, lo que nos ayuda del otro no es que nos salve a través de alguna acción concreta, sino que nos acompañe afectivamente en el proceso que estamos viviendo. Un compromiso nos facilita sobrellevar los pesares y las angustias. La ausencia relacional termina disfrazada de individualismo, pero se trataría más bien de una situación de total retraimiento, el cual genera como respuesta —en parte como efecto y

en parte como reacción defensiva— el autoabastecimiento y la autosuficiencia.

Creemos que la indiferencia y la falta de solidaridad se han convertido hoy en formas frecuentes de la
violencia, dado que se hacen cómplices, a través del
silencio, de los actos de discriminación, xenofobia y
racismo que ocurren a cada momento en el mundo.
Constituyen una defensa frente al temor y la desconfianza que produce el compromiso, pero también una
forma pasiva de agresión al prójimo.

La gran cantidad de versiones tecnológicas de la
comunicación que empleamos para vincularnos, y que
nos impone una distancia de aquello que nos es más
cercano —justamente, las otras personas—, hace que
la posibilidad de un compromiso afectivo sea también
más distante. La indiferencia está ligada a una distorsión de la sensibilidad y de la afectividad en relación
con nuestros semejantes, y esta distorsión es alimen-
tada en parte por una serie de conductas nacidas de
esta sociedad tecnológica y virtual en la que vivimos.
La imposibilidad de conmoverse ante la crueldad, el
dolor y la necesidad lastima cualquier posibilidad de
vínculo solidario.

En el terreno laboral, la competitividad es vivida
en términos de hostilidad, donde uno permanece y el
otro es excluido, expulsado. La indiferencia nos hace
actuar con un egoísmo acorde a las exigencias del todo
o nada. Y si no tenemos compromisos afectivos fuertes,
esta lucha descarnada en que se ha convertido la supervivencia se vuelve sumamente angustiante y dolorosa.

A veces, en función de la fantasía de protección, la soledad se asume como intento de reaseguramiento, como si fuera un refugio. Pero es un intento fallido y nos deja desnutridos, dado que se trata de una defensa equivocada. No genera un reaseguramiento, sino la abolición de gran parte de nuestras potencialidades, lo cual limita nuestra condición de sujetos.

Detrás del refugio imaginario y encapsulante, hay miedo y desconfianza. El miedo es uno de los motores fantasmáticos que operan o instalan disfrazadamente este tipo de conductas. Siempre implica fantasías persecutorias y una vivencia de riesgo ante la presencia del otro, teniendo presente que toda tensión paranoica creciente puede desembocar fácilmente en reacciones explosivas de violencia.

¿Y a mí por qué me miran?

La indiferencia nos convierte en individuos que comparten solamente un lugar geográfico y no en ciudadanos que persiguen un mismo destino. Nos sustrae de nuestra condición de comunidad y elimina los puentes que nos unirían en un proyecto conjunto. La ausencia de un plano identificatorio entre aquellos que formamos parte de una misma comunidad o república nos arroja en el aislamiento, que tiene una expresión a través de la indiferencia y marca la imposibilidad de interesarnos y de ocuparnos del otro, de trazar proyectos comunes.

Al margen del sentido estrictamente económico, la especulación se asume como un sistema de reaseguro frente a la desconfianza en las relaciones (fallidas) que se establecen y lleva a manejar ese marco de relaciones de una manera defensiva. La especulación instala una distancia en función de que el sujeto siente que podría ser víctima (la cosa persecutoria) y de lo que les concede a ciertas ilicitudes. La especulación es una virtualidad, algo ilusorio y potencial.

Al hablar de la impunidad social como una estructura de incumplimiento de las leyes, observamos que cuesta un gran esfuerzo generar una tradición en ese sentido, desde los más sencillos códigos aplicados a la convivencia hasta los principios más fundamentales. Cuando transgredimos una norma, creemos que lo hacemos de un modo abstracto, sin involucrar o comprometer al semejante, y no tomamos conciencia de que estamos atacándolo de modo directo.

Si a nuestro lado un automovilista cruza la calle con luz roja, lo más probable es que no se preocupe por aquellos que lo rodean sino que verá de asegurarse de que no haya un policía cerca que pueda multarlo. A la vez, tampoco a los otros se les ocurre tomar una iniciativa acerca del hecho violatorio. Sin embargo, detrás de un semáforo que se ignora hay una posible víctima, que puede ser cualquiera de nosotros...

En la Argentina, existe una enorme confusión entre derechos y deberes. El derecho y el deber de cada uno son recíprocos a los de las otras personas. Justamente, uno de nuestros deberes es no invadir los derechos de los demás, es decir que el juego de equilibrio entre estas dos fuerzas es lo que brinda a una conducta su carácter de responsable.

Pero ocurre que a nosotros nos gusta jugar en los extremos (la gratificación o la prohibición, la fiesta o el aburrimiento), y nunca pensamos en términos de límites (la fiesta sólo es posible si se termina en algún momento, porque si continuara por siempre, no sería una fiesta sino un desequilibrio). Ese juego de lógicas bipolares, donde se está solo de un lado o del otro y nunca en una situación intermedia de esfuerzo, trabajo y conciencia, nos lleva a que los deberes sean bastante poco conocidos, o terminen pareciendo más bien afirmaciones sádicas y arbitrarias.

El deber, el derecho, la norma y los límites son conceptos fundamentales que nos posibilitan pensar en términos democráticos mediante su articulación e integración en una sociedad. En la Argentina, no es muy clara la noción de responsabilidad, justamente porque no hay un equilibrio lógico entre derecho y deber. Por lo tanto, la norma siempre es una norma dictada desde algún lugar que en apariencia no nos compete, lo cual nos convierte en algo así como una patria "tripulada". Por lo tanto, toda ley nos resulta extraña.

La transgresión consiste simplemente en violar la norma sin ser detectados, aunque el vecino vea vulnerados su seguridad y sus bienes. Aquel que solicita el cumplimiento de la ley siente que se instala en una posición que no lo enaltece en absoluto, y que en cambio el pícaro sí puede transgredir y negarse sin más a cumplir con la ley. La "viveza criolla", que es un poco tontuela, consiste en creer que las cosas tienen que adecuarse a uno, lo cual habla de un empequeñecimiento estructural muy arraigado. Suponer que la libertad consiste en algo semejante pone al descubierto un gran nivel de pobreza intelectual y la carencia de una adecuada internalización de la ética. Ese egoísmo narcisista, pequeñito y miserable convierte al sujeto en el dueño ilusorio de la situación.

Cada vez que alguien viola una norma suprapersonal pone en evidencia la ineficacia de un sistema que él mismo ha contribuido a crear, y genera un nivel de inseguridad que no solamente incluye a los otros por lo que él hace sino a él mismo por lo que ellos podrían hacerle. Pensar que el beneficio personal es más importante que el beneficio estructural —que es la lógica de la "viveza criolla", del que hace "la piolada"— es un juego que tiene sentido en la niñez o la adolescencia, pero no es una herramienta exitosa como modalidad de vida.

Si al violar una norma pensamos que somos más libres, lo que demostramos con ello es que hemos fracasado, hemos sido incapaces de compartir de un modo efectivo un sistema de significaciones con el otro. Y, más tarde o más temprano, la anarquía de sentido y la ausencia de un referente común terminan perjudicando al grupo, dado que transgredimos desde la irresponsabilidad, en función de una especie de desconocimiento o negación de las leyes de convivencia.

Todos podemos corroborar las quejas de los vecinos que denuncian en cartas a los diarios a gente que a media cuadra de su casa tiene una discoteca, impidiéndoles dormir, o una fábrica contaminante en la esquina, todas cosas impensables en cualquier lugar civilizado del mundo. Así, la ausencia de sentido comunitario lleva a que uno no tenga conciencia de que el transgresor nos estafa a todos. Esto tiene que ver con la empatía, la identificación y las relaciones que se establecen entre una ciudadanía y un país, por lo tanto, está en juego la noción de república. En la Argentina, no existe una idea clara de que cada uno de sus habitantes conformamos esta república, y que si alguien atenta contra los derechos y deberes que nos ligan, daña los fundamentos mismos de esa república.

Cuando en el cielo pasen lista...

La ausencia de una trama social pone en crisis la existencia misma del semejante en tanto estructura, de modo tal que nos deja sin posibilidad de enfrentar al que ha transgredido. Desde la soledad, es imposible. Un ejemplo de esto es el cinturón de seguridad. El común de la gente, temiendo pasar por tontos, se niega a ponérselo. Los motociclistas llevan el casco en el brazo. Los ciclistas creen que a ellos no les toca respetar las normas de tránsito, y cuando el semáforo se pone en verde, el automovilista sólo percibe la señal de que puede atropellar a los transeúntes (en ningún país civilizado del mundo los coches avanzan antes que los peatones al doblar en una esquina con el semáforo en verde).

Un ejemplo más: cuando nos enteramos de que una niña muy enferma recibió un órgano y consiguió salvar su vida, todos nos emocionamos. Sin embargo, muy pocas personas en la Argentina han aceptado donar sus órganos. Son muchas las razones que justifican el rechazo, y una de ellas tiene que ver con cómo se inscribe la noción de muerte en nuestra cultura. El cuerpo biológico puede quedar desprovisto de sus partes sin que eso signifique que el sujeto vuelva a morirse. Una de las grandes ansiedades y temores ante la idea del fin es el miedo a dejar de ser, y si a esta ansiedad se le suma la idea de que una vez que eso ocurra no quedará nada de nosotros, la fantasía entonces es la de una muerte más definitiva. La idea de que a uno lo dejen desprovisto de sus órganos puede hacernos creer, por ejemplo, que la vida eterna es imposible,

115

y ratificaría la condición de muerto, algo que uno siempre trata de negar. Deberíamos tener una relación más madura con la muerte, más terriblemente realista, o encontrar otro sistema de racionalidad que nos permita evitar la angustia que nos provoca saber que todo terminará en algún momento.

Lo que pretendemos explicitar es que la ignorancia es a veces causa de temor y de falta de solidaridad. Por ejemplo, vivenciar que los médicos se lanzan como carniceros sobre el cadáver y lo descuartizan puede llevar a los familiares del muerto a negarse a donar los órganos por las angustias que esto despierta. Lo cierto es que se trabaja con médicos especializados, pero nadie informa demasiado sobre el asunto ni se hace un adecuado trabajo de conciencia sobre las personas. Se apela a lo emocional en lugar de realizar una elaboración global. En otros países, en cambio, hay que manifestar de modo explícito la negativa, ya que todos son donantes potenciales.

Puede que los parientes no se animen a tomar una decisión semejante cuando no media un previo consentimiento del familiar fallecido, y esto es así por la culpa y el miedo de morir que siente también aquel que sobrevive. Por eso se dice que a los velorios se asiste con un poco de cargo de culpa, como diciéndole al muerto: "Te tocó a vos, porque no me tocó a mí".

La evasión impositiva es otro ejemplo de indiferencia y falta de solidaridad. El impuesto tiene una función social, función que está ausente justamente en aquellos sectores donde mayor evasión se registra, y que, en los casos de cinismo extremo, se disfraza de cumplimiento. Como vemos, la falta de vínculos solidarios tiene varios planos de complicidad.

116

Cómodamente insensible

El indiferente no logra conmoverse con nada y, en función de esa distancia que establece con el mundo, se transforma en un sujeto de extrema crueldad. No puede ejercer la autocrítica. Es incapaz de registrar el sufrimiento de los otros o, aun registrándolo, de decodificarlo para emprender una rápida acción humanitaria. De este modo, no se produce la retroalimentación en el contacto con la realidad, cayendo así en una solidaridad deficitaria.

Tampoco se visualizan los problemas de los demás como eventuales problemas propios, aun compartiendo las mismas realidades objetivas y la misma clase social. Esto es por demás extraño, porque en ocasiones en una misma clase social los fenómenos reactivos son compartidos; siempre hay alguien que piensa que si al otro le pasó algo, a él podría pasarle lo mismo. Si uno "se corta solo", uno mismo se inflige una herida. Y esa situación es profundamente dramática. Desde la expresión "hacer una gauchada" a que te hagan "una guachada", los extremos se acercan y las palabras se parecen.

A veces, la indiferencia es una manera de reaccionar frente a la desprotección que genera la ausencia de un lazo comunitario, una suerte de ceguera que parte de la voluntad. Cuando el reconocimiento del otro no se produce, no es posible instalar un lazo solidario y el sujeto se siente débil. Al sentirse débil, se asusta. Esto lleva a que el otro deje de ser un aliado, ni siquiera es un rival: se convierte en un potencial enemigo.

Recientemente, Lipovetsky ha manifestado cierta sorpresa ante el hecho de que el argentino conoce todo lo que anda mal en su país pero lo toma con absoluta naturalidad. La relación entre lo que sabe y lo que hace parecería ser inversamente proporcional. Pero lo que ocurre es que la indiferencia encubre un alto grado de impotencia. Cuando alguien no puede llevar a cabo algo, termina diciendo que ese algo no le importa en absoluto. Hay en el argentino una mezcla de indiferencia y resignación en cuya base se encuentra nuevamente la ausencia de una trama comunitaria. El argentino se ha divorciado de sus pares, y eso lo hunde en un nivel de soledad que lo convierte en un sujeto débil asediado por fantasías persecutorias.

La impotencia se acompaña de una fantasía donde todos somos cómplices de algo. Es como si la corrupción se hubiera diseminado en pequeña escala en la vida cotidiana, lo cual ha derivado en un progreso del sentimiento persecutorio y una sensación de corresponsabilidad absolutamente exagerada. De ahí que no podamos reclamar la adhesión del otro en un proyecto común.

Si uno recorre las páginas de los diarios de la época del Proceso, advierte en perspectiva aquel distanciamiento o indiferencia extrema que terminó por enquistarse como un rasgo caracterológico. Depositamos en el otro la obligación de solucionar problemas y, cuando el otro se convierte en un monstruo de siete cabezas, ponemos el grito en el cielo. Somos víctimas a la vez que cómplices. Sin el respeto por normas que regulen nuestras relaciones, sin una trama comunitaria basada en el reconocimiento del otro, terminamos siendo enemigos.

Las normas existen justamente para que no sea el impulso individual el que predomine. Hemos padecido, desde lo institucional, sistemas frágiles que han debilitado tremendamente los derechos. El código de las dictaduras era la ley del más fuerte, fuerza empleada en forma discrecional, porque a veces se la usaba a favor del ciudadano y, otras veces, en su contra. De ahí derivaría el reclamo, desesperado pero sintomático, no ya de la aplicación de las leyes, sino de una acción mágica: "terminen con la inseguridad", "mátenlos a todos"... Unos piden "gatillo fácil" y otros, "gatillo difícil".

El primero te lo regalo...

Algo que sí ha incorporado la Argentina, acorde con las pautas de fin de siglo, es la jerarquía del placer. La juventud de hoy se da un mayor permiso y libertad en dicha búsqueda, porque se ha recuperado lo que podríamos llamar la legitimidad del goce, lo cual posibilita que éste no entre en colisión con valores como la responsabilidad, la solidaridad, y que puedan articularse de modo potencial.

Pero además de este aspecto positivo del placer que se expresa a través de la libertad de elección y del goce sexual, los jóvenes se encuentran tironeados por su cara negativa, que es la droga, aunque no es la juventud la única víctima ni tampoco la generadora y promotora de estas conductas, como se quiere hacer creer. Ese negocio espantoso tiene que ver con la pulsión de muerte del hombre, y por eso creemos que se necesita del trabajo múltiple y en equipo para poder combatirlo. Un esquema que articule en su complejidad lo social, lo institucional, lo psicológico y lo educacional.

La adicción a las drogas es un problema que requiere una acción preventiva, una terapéutica y una de contención y rehabilitación. Esto es así porque toda adicción proviene de un conflicto anterior que intenta solucionarse de un modo inadecuado y se convierte, de ese modo, en una nueva enfermedad. Pero ninguna prevención es posible sin el soporte de una red comunitaria que funcione como una estructura organizada.

Gateando por la historia

La Argentina tiene que empezar a aceptar que el crecimiento es un tránsito permanente, un desarrollo, un camino, y que parte de situaciones de gran indefensión. En este tránsito, el crecimiento no se logra de inmediato, por un acto mágico. Si pretendemos obtener resultados instantáneos, sólo conseguiremos estrellarnos o vivir en la ilusión.

La juventud histórica de un país brinda óptimas condiciones de potencia y prosperidad, pero también aporta una alta dosis de inexperiencia. Ejercer un adecuado nivel de conciencia implica esfuerzo y dedicación. El premio no llega simplemente por anhelar algo de modo intenso, sino que requiere, no diremos de "sacrificio" para no asociarlo a la noción de castigo, pero sí de "lucha" en términos de trabajo.

> Cuando deseamos, en virtud del apuro e impulsados por el pensamiento mágico, saltar todo esfuerzo, estamos ejerciendo soluciones inmaduras. Éstas consisten en apoyarse en ilusiones muy precarias y conllevan frustraciones que desembocan en la tristeza, la "bronca" y la sensación de impotencia. Cuando esa rabia se canaliza de modo inadecuado, nos tiene como víctimas a nosotros mismos o a nuestros semejantes. Caemos en depresiones que nos sustraen la energía, potenciando situaciones de aislamiento y autodenigración.

En los argentinos hay una identificación errónea con los lugares de los cuales provenimos, una división equivocada de niveles dentro mismo de las estructuras del país, con roles desempeñados por nosotros que representarían nuestra relación con Europa y que nos han llevado a no saber bien realmente quiénes somos ni qué grado de desarrollo tenemos. Ya no sabemos si somos un pueblo joven con esperanza o un pueblo arteriosclerótico que ha sido derrotado. Pretendemos actuar de un modo absoluto y, en consecuencia, no podemos madurar. Son necesarios aquellos límites que nos saquen de la omnipotencia de los deseos y de las peligrosas relaciones de idealización y fascinación, para reducirlas a lo simbólico, al sentido común y al criterio de realidad.

La ñata contra el vidrio

Pero tenemos guardadas algunas riquezas. Nos referimos, por ejemplo, a cierto nivel de confianza que hace de la comunicación un buen antídoto para el aislamiento en que se vive en este fin de siglo. La comunicación remite a una necesidad de compartir, también muy arraigada en los argentinos. Por eso todavía persiste, al menos en Buenos Aires, "la charla de café". Climas de familiaridad que permiten una comunicación ajena a los roles estereotipados de un determinado trabajo, o espacios donde uno se desviste, por así decirlo, del "uniforme oficial", y que a veces están ligados a las relaciones familiares y otras a esa amistad íntima que nos permite hablar con el otro.

Es como si prevaleciera todavía el concepto de aldea, ya que la identificación con las personas que nos rodean es bastante fluida. Cuando uno viaja al interior del país enseguida advierte el alto grado de comunicación y de hospitalidad de la gente, algo completamente extraño en otros lugares del mundo. Por eso, cuando las personas creen que su seguridad está en peligro o son directamente atacadas, sienten un daño emocional muy profundo. La riqueza interior, como dirían los espiritualistas, consiste en tener esa capacidad de supervivencia, esa facultad interna de generar estímulos y recibir estímulos de los otros.

Lo cierto es que, ante situaciones de dolor, el argentino sabe cómo construir sistemas de defensa. No se organiza ni se vincula a través del goce, de la creatividad, pero en situaciones graves, tiene la capacidad de instrumentar estas organizaciones. Las situaciones de crisis son sufridas en forma individual y asumidas en forma colectiva. Pero a la hora de echar manos a la obra, es como si contáramos con una memoria genética de las circunstancias de dolor.

La familia argentina es una foto, una foto con ausentes, rostros crespudos que nadie quiere mirar.

Si hay miseria, que no se note
(Sexo, mentiras y fideos)

Si alguien quisiera definir a la Argentina, podría decir que fue siempre un país de clase media. La clase media argentina es un fenómeno verdaderamente curioso y complejo. ¿Cómo se conforma? Se conforma por grupos de una relativa homogeneidad, los cuales a partir de cierto pragmatismo laboral y flexibilidad normativa vivían como si estuvieran en un país rico, sin estar en un país rico. Un síntoma de la clase media fue que, más que programar un crecimiento genuino y un proyecto verdadero, creyó en un espejismo que, distorsionando la realidad, construía una insensata escenografía de cartón pintado.

La clase media va al infierno

La identidad se acentúa en los períodos de crisis, no en los momentos de bondad económica ni de crecimiento, y es entonces cuando la clase media muestra lo que es y lo que no es.

La clase media necesita crearse y creerse un cuento con buen comienzo y final feliz. Y cuando advierte que la narración no se condice con la realidad, sobreviene el cataclismo personal, económico y de identidad. Vive en un constante "como si", como si viviera en otra parte, o, dicho de otro modo, aparentando estar muy por encima de sus posibilidades. Esta ausencia de

123

sostén para el desarrollo, este tener constantemente los pies en un sueño, se manifiesta en créditos que no pueden pagarse, en distorsiones financieras y fiscales y en un cuento que se repite sin alteraciones.

En síntesis, la clase media quedó atrapada en la apariencia y el simulacro. Como si no fuera media sino alta, que se toma vacaciones de invierno y también de verano, tiene otra casa en el *country*, un coche costosísimo que no puede sostener, manda a sus hijos a colegios privados y, entretanto, sobrevive como puede. El término "sobrevivir" es bastante preciso en este caso, ya que alude al doble juego característico de la clase media, al sueño y al azote, al escenario y la butaca.

La clase media se instala en el territorio de la posesión de las cosas, del tener y del disfrutar. Pero la otra cara de este goce sería un recuerdo genético donde lo que imperaba era la necesidad. Es como si no deseara recordar sus orígenes, sus raíces, aquellos parientes que llegaron en estado de total precariedad y que sufrieron múltiples privaciones.

La clase media lo ocultó en el desván de los olvidos, ni siquiera en el de los recuerdos. De ese modo, padeciendo un presente, no sólo niega el pasado sino también el mañana.

El noveno mandamiento

Algunos individuos recurren a la mentira impulsados por el miedo, el sometimiento o por ciertos trastornos psicológicos propios de manipuladores psicopáticos. Este juego de ocultamiento constante de la verdad termina imponiendo una distancia afectiva que el sujeto instala frente a los demás y también consigo mismo. Tanto en lo singular como en lo grupal, se trata de estructuras mediocres y estériles.

La hipocresía, en cambio, es una conducta que la sociedad genera frente a sentimientos que ella misma se niega a aceptar. Tiene que ver entonces con la simulación, la falsedad y el predominio de una apariencia encubridora de lo verdadero. Sería más bien una caracteropatía, es decir, una conducta no deliberada, y no tanto una acción intencional puntual como puede serlo la mentira.

La hipocresía termina ocultando fríamente, lo cual conduce a la persona a sostener una doble moral: una para los demás, que se aplica en la medida en que se tiene poder sobre ellos, y, por otro lado, conductas propias permisivas. Muchas veces, es el Estado mismo el que genera esta clase de moral perversa.

Más que novela, el culebrón familiar

En muchos casos, la hipocresía sirve para encubrir cosas que en el fondo son dignas y que no se sabe bien por qué se las considera como indignas. En nuestra sociedad, la mentira está impulsada por la vergüenza y el pudor. El propósito entonces no es otro que defenderse de la complejidad que anida en el interior del ser humano. Esa complejidad proviene del hecho de estar obligados a atenernos a un argumento que, en forma de mandato, nos obliga a simular algo que no somos; así es como la mentira está vinculada al pudor y a la tan temida marginación social.

En nuestra sociedad, la debilidad es algo inaceptable desde todo punto de vista. Un fuerte componente de encubrimiento tiene la mentira para la clase media argentina, y su objetivo final sería no demostrar esa debilidad prohibida. La hipocresía sería algo así como una defensa estructural, en la que estarían implícitas las mentiras, las conductas encubiertas, las actitudes de doble discurso y los actos paralelos. Por eso es tan importante el tema de los secretos familiares, porque allí nacen nuclearmente todas estas conductas típicas de los sectores que analizamos: el famoso aparentar, el no demostrar las debilidades, las pérdidas, los fracasos, las caídas económicas, el simular que se está bien cuando en realidad se lo ha perdido todo.

Frente a esto, la mentira sería una estrategia consciente, directa, intencional, que se mantiene ajena al dolor de la persona, mientras que la hipocresía estaría más consubstanciada con ese dolor.

Esta actitud de ocultamiento no es algo que se observe con frecuencia entre los jóvenes, cuya capacidad de rebelión los lleva a oponerse de modo tenaz al doble discurso. Ellos juegan sus propias emociones, sus sentimientos más auténticos, y asumen sin conflictos sus miserias y sus dificultades. Pero, por otro lado, comprueban en los adultos un funcionamiento psicótico, y eso genera las grandes fracturas que existen entre unos y otros y, finalmente, la disminución de esta capacidad de enfrentar las propias circunstancias. Muchas de las adicciones de los adultos tienen que ver con la distancia irreal que se quiere poner con la realidad.

Quiero vale cuatro

Lacan decía que la verdad no produce ninguna consecuencia, en tanto que la mentira es la gran generadora de cambios bruscos en las relaciones humanas. En la Argentina, este fenómeno de la mentira social se comprueba en que todas las cifras están cambiadas.

Por un lado, la oposición asegura que la pobreza aumentó exponencialmente y, por el otro, el gobierno declara que en los últimos diez años el país se ha convertido en el menos pobre de América latina.

> Al estar ligada al desconocimiento y a construir sobre el error, la mentira produce engaño y exige siempre una mentira posterior. Y como tiene que ir articulándose y defendiéndose del esclarecimiento de lo que la antecede, entonces exige otra mentira y otra y otra más...

A veces, tiene por finalidad que el sujeto se defienda de una agresión o una desvalorización personal que podría provocar una herida en su autoestima. Otras tiene un fin psicopático, vale decir que está movida por el deseo de obtener beneficios personales a expensas de los otros. Puede tener también por objeto encubrir una verdad que, de saberse, sería dolorosa e imposible de asumir por la angustia que provocaría. En cualquier caso, si uno la analiza con cuidado, encuentra los puntos de conflicto sobre los que se edificó la mentira, ya que siempre hay algo que la delata.

El silencio es salud

La nuestra es una sociedad que, para ocultar la verdad, genera un discurso hipócrita mediante la difamación, y al ser ésta moneda corriente, no termina nunca de aclararse. La difamación resulta así una forma de ataque que tiene amplio auge.

Cuando alguien se siente agredido de algún modo, una de las formas defensivas en el marco de la hipocresía y la mentira es la difamación. Ésta tiene que ver también con una necesidad de englobar a todos en el orden de la mentira. El mentiroso difama porque proyecta su propia condición de mentiroso en el otro y de ese modo logra expandirla a todos, lo cual termina generando la disolución del carácter sintomático de la mentira. Ciertos núcleos enfermos, psicopáticos e hipócritas consiguen diseminar esta sensación para quedar de algún modo encubiertos, bajo las generales de la ley, como presuntamente inocentes.

En tanto proyección de las propias conductas, la manera de encubrirlas es difamar al otro que está enfrente y envolverlo en aquellas conductas, llamémoslas ilegales, criticables, transgresivas, que proyectamos. De ahí las justificaciones del estilo de "si todos roban, entonces ¿por qué no robar?". O tremendas racionalizaciones diabólicas como "no importa que robe si hace cosas" o "lo hagas o no lo hagas, van a decir que estás involucrado".

Este tipo de afirmaciones tienden a crear en la mentalidad del argentino una suerte de inevitable natural que conduce hacia el fracaso y la corrupción. Pero en verdad, son armas muy peligrosas, más bien suicidas.

Correr la bolilla

Dijimos que la difamación constituye una proyección de las propias mentiras, pero por otro lado, podría no ser otra cosa más que un ataque anticipatorio defensivo causado por el temor a ser humillados. A veces, frente a la desconfianza y el miedo a quedar siempre en el lugar del imputado, se produce una difamación destinada a ubicar rápidamente a otro en el lugar de la culpa. No es necesario estar directamente involucrado en algo indebido: la desconfianza persecutoria generalizada puede conducir a la difamación.

La difamación tiene que ver también con la teoría del chivo expiatorio. Queremos encontrar un responsable para no ser nosotros señalados como tales, todo lo cual se genera en un marco de sospecha. La sospecha es un elemento de discordia que involucra una especie de conspiración en la que el otro también estaría envuelto.

En los lugares donde existe corrupción, siempre hay un grupo de personas que no son corruptas. Sin embargo, la sospecha se extiende sobre todos, de modo que hay dos posibilidades: o irse o aceptar las reglas del conjunto.

La difamación termina creando una voluntad de debilitar la poca conciencia que pueda quedar en cierto sector. Lo que ésta pretende es vaciar de sentido las conductas honestas, atacar al virtuoso para darse reconocimiento y mérito, quitándole a la acción individual todo su valor.

El argentino conspira contra la confianza, que no es sino la fuente indispensable para que se realice la vida comunitaria, y por lo tanto conspira también contra la noción de república. Este estado de permanente sospecha tiene mucho que ver con ciertas conductas que se generaron e implementaron durante el proceso militar desde el propio Estado. En aquella época, corría un chiste muy macabro que decía que si te encontraban la agenda te secuestraban hasta al plomero. Y algo de eso había, porque en realidad aquél no era un sistema de justicia sino de sospecha y delación. No atrapaban al tipo en plena avenida con la ametralladora en las manos, sino a personas que se encontraban durmiendo, a niños y ancianos. Y todo lo que ocurre está presente en el registro social y queda instalado como conducta.

Cuando se dice que se sospecha de alguien, o se lo difama porque padece un problema de orden físico o psíquico, esa actitud genera una separación de la persona de su medio. El nivel de desconfianza que esta situación produce en cada argentino frente al otro termina convirtiéndolo en un riesgo potencial, y de aquí a la indiferencia hay sólo un paso. La indiferencia y la mentira se vuelven entonces una necesidad, una defensa contra el miedo. Este sistema de ataque en función de los propios intereses lleva a que, en un mar de sospecha, todos seamos sospechosos. ¿Yo, señor? No, señor. Pues entonces... ¿quién lo tiene...?

Se dice de mí

Hacia abajo en la estructura social, es posible detectar la existencia de reglas comunitarias que se asientan en la solidaridad. En cambio, en las clases media y media alta, lo que falla es justamente este código implícito. Cuanto más poder, dinero y prestigio se posea, la relación comunitaria se volverá más y más diluida. Se tienen menos lazos y, cuando existen, se trata de lazos originados en intereses. Cuando los intereses dejan de ser tales, los lazos se rompen sin más trámite. Las clases sociales más bajas configuran un área donde la cosa comunitaria juega como un sistema de salvataje y de ayuda mutua, y el éxito de uno de los integrantes del grupo puede ser compartido por todos.

Mentira, difamación y engaño son estrategias indignas cuya finalidad es derrotar al otro. A ellas se apela ante la ausencia de una genuina capacidad, o en función de una inescrupulosidad que prefiere el menor esfuerzo y la trampa al trabajo y la acción responsable.

En último término, la calumnia instala una competencia desleal, dado que se apela a reglas no sostenidas en el esfuerzo, en la creatividad ni en el interés por mejorar. Se trataría de una transgresión a todas las leyes y los códigos morales, una coartada a la competencia, a medirse para determinar objetivamente quién supera a quién. Significa optar por el juego sucio, y no por el obstáculo permitido dentro de la ley de la competencia para ganarle al supuesto rival. En el fondo, la calumnia expresa una imposibilidad de enfrentarse a un sujeto valorado, a un rival jerarquizado.

En síntesis, la calumnia, la difamación y la mentira son conductas denigratorias del otro destinadas a rebajarlo. Aquel que echa mano de estos recursos siente que debe protegerse constantemente de no quedar en un lugar inferior. Dichos recursos pueden existir y circular debido a una desconfianza generalizada presente en nuestra sociedad. Pero si no tuvieran un campo predisponente, quedarían inmediatamente expulsados, se abortarían. Si alguien difamara a un individuo respetado y confiable, esta acción no prosperaría.

El clima del "todo es posible", el campo que aloja a esa mentira y a esa difamación, proviene de una sociedad en la cual nadie puede confiar realmente en algo o en alguien. Es un sentimiento que tiene el argentino de enorme escepticismo respecto de los otros, justamente porque no está presente esa señal comunitaria, solidaria, esencial, para poder formar una red fuerte y protectora. No solamente hay que considerar los factores neuróticos que nos permiten aceptar y articular este tipo de cosas, en realidad tenemos cierta predisposición a creer la mentira del otro, por la enorme desconfianza que sentimos frente a la verdad.

La mano de Dios
(Los argentinos y los ¡ídolos!)

La particularidad de la búsqueda a veces denodada de un ídolo remite a una identificación, una "sobrevida" que se experimenta a través de otro, del idolatrado, de aquel que sirve como estímulo y como reservorio de todo lo que se quiso y no se pudo ser. El ídolo logra "superar" los límites de la muerte, en el sentido de que su presencia y su fulgor parecen exceder las fronteras de la condición mortal. Es ídolo porque es el portador de cierta eternidad: de ahí que no exista idolatría sin fe, sin confianza, sin cierta religiosidad presente en la relación entre el objeto de idolatría y quien idolatra.

Cuestión de fe

Toda idolatría se vincula con una forma de "culto", de sumisión. Para que un ídolo opere como tal se lo debe sostener, alimentar, extender, potenciar. Tener un ídolo implica llevar a cabo prácticas proselitistas en su favor: convenciendo a los otros sobre la virtud del ídolo y, al mismo tiempo, autopromocionando la imagen de un yo que posee la capacidad de "darse cuenta" de esa presencia luminaria. Hacer proselitismo por el ídolo es también mostrar a los otros la propia capacidad para reconocer lo bueno, lo correcto, lo imprescindible. Todo idolatrador es en alguna medida militante de su ídolo. Y en esta militancia, la imagen del ídolo es el emblema promocionado: se privilegian así los nombres por sobre los hombres y las imágenes o las consignas por sobre la profundización de las ideas.

Creer da confianza porque implica un cable a tierra indestructible. Quien idolatra debe mostrar que es lo suficientemente fuerte para creer, para confiar. Dudar de esa fe, de esa creencia en el ídolo, es someter la seguridad externa —sobre la que se monta a veces la propia personalidad— a un resquebrajamiento, al tembladeral de la inseguridad. Creer en alguien es ser alguien. El ídolo nos ayuda a definirnos y a encontrar un lugar, nos ubica en algún sitio, nos completa, nos traza de un modo preciso.

Toda idolatría implica un compromiso afectivo: emocionarse con los éxitos del ídolo, sufrir con sus dolores y penas. Si uno cree verdaderamente en el ídolo —y uno debe probarlo constantemente para que los otros no duden de esa creencia—, es verdaderamente capaz de someterse a situaciones de incomodidad física, de hacer grandes esfuerzos o "sacrificios" en función de estar con, ver a, o participar de. Aparece entonces la certeza de un deber, un compromiso, "hacerle la gamba" al ídolo, facilitarle todo lo que lo ayude a potenciar su condición, no fallarle, etc. En este sentido, quien idolatra suele buscar y exponer constantes pruebas de su fidelidad ("yo lo sigo a Fito desde que empezó, cuando tocaba para cinco en un teatrito"). Hay una especie de "contrato" implícito entre el idolatrador y el ídolo que remite a que ambos permanezcan firmes en el mismo lugar, a defender un espacio común en el cual uno y el otro encuentran algo de lo que desean o desearían ser.

A su vez, de alguna manera permite superar y salir (aunque no sea más que en la forma de una ilusión) de los parámetros de la cotidianidad propia, con sus márgenes gruesos y pesados. Idolatrar es soñar porque es "trasplantarse" aunque sea simbólicamente en otro, ya sea mediante la admiración o la presencia en pequeños fetiches como pósteres, autógrafos, fotografías o colecciones de otro tipo.

El ídolo es una forma de trascendencia porque siempre supone una "carga" del que idolatra sobre el idolatrado: es una construcción de quien impone una carga de luminosidad a otro sujeto frente a la percepción de lo propio como mediocre, limitado, oscuro y anónimo.

El ídolo brinda seguridad porque ofrece un marco de contención frente al horror que representa la confusión. Es un punto de referencia que atestigua un específico lugar en el mundo. Es testimonio de certezas, de certidumbres y confianzas, testimonio viviente de un orden deseado, prueba de cómo deben ser las cosas. El ídolo como referencia es garantía de que algo o alguien hace las cosas como deben hacerse.

El ídolo suele ser bifronte: es por un lado inalcanzable, divino, y por otro cercano, natural, próximo. Esto es lo que le permite una trascendencia mayor, es decir, ser único incluso siendo tan cercano y normal. "Trabajar" de ídolo implica jugar con esta doble estructuración: por un lado permanecer distante, inalcanzable, por el otro ser accesible. Por eso ser ídolo implica en ciertos momentos no mostrarse consciente de tal condición.

Un traje a medida

Hablar del carácter ficcional del ídolo remite a que, para que éste exista como tal, se necesitan "creadores" constantes de la idolatría. La idolatría es una construcción imaginaria de significados que se articulan en torno a alguien: atribuciones, etiquetamientos, invenciones y/o poderes que se le endilgan pero que su productor (el que idolatra) es quien los crea. El ídolo es entonces imagen construida y reconstruida en forma permanente. Esta construcción condiciona su existencia y permanencia: esto plantea al idolatrado la obligación de defender su lugar, alimentar su imagen, "actuar" en función de esta permanencia. El ídolo se ve encerrado en la obligación de representar el papel que se le ha atribuido y que él mismo ha propiciado.

> De esta manera, el ídolo no sería la persona en sí misma sino la imagen que se construye socialmente en relación con esa persona: las significaciones, las virtudes y los poderes que se le asignan son producidos en una sociedad y en una cultura. No existe el ídolo sin un marco o contexto en el cual los sujetos estén dispuestos a valorarlo, reconocerlo, justificarlo, "endiosarlo", idolatrarlo. Hay entonces un "ajuste" entre el imaginario de una sociedad y sus ídolos.

Se idolatra aquello que es idolatrable, aquello que implica una admiración potencial "vacía", que puede llenarse no sólo por lo que el idolatrado hace o exhibe, sino por la carencia que (un vacío) permite. De ahí que los ídolos llenen un espacio: el de lo que no abunda, el de lo extraordinario, lo "especial", lo único.

La "cristalización" de los ídolos, es decir, el congelamiento de un sujeto, de una persona, como la manifestación de algún atributo o de la posesión de determinadas cualidades magnánimas o mágicas, o no usuales, es muchas veces el resultado de la mirada del idolatrador más que el producto de la real posesión de dichos atributos. Existe una cristalización cuando se etiqueta a alguien como el poseedor indudable de todas las virtudes, o cuando incluso los defectos se convierten —por una pirueta arbitraria e inexplicable— en una cualidad positiva. La cristalización es una identificación inmaculada, no contagiada por la vulgaridad de lo común y lo mediocre. El líder funciona como una especie de estampilla en la cual se sintetizan aquellos rasgos que son identificados como distintivos por parte de los seguidores.

Toda idolatría implica por lo tanto una idea de construcción/ de proceso/ de contexto/ de puesta en escena, de fabricación y legitimación pública del ídolo. De constante puesta a "prueba", en la cual la sola aparición del ídolo —no únicamente como presencia física— debe dar fiel testimonio de su condición, y de todo aquello que la hace posible. Las anécdotas y chismes alabatorios sobre el ídolo refuerzan y recrean su condición, así como en muchos casos los poderes casi mágicos o inexplicables que se le atribuyen a figuras idolatradas. Ídolo es misterio, singularidad llevada al extremo, fantasía de perfección. Estas características requieren un arsenal de recursos, narraciones, descripciones, puestas en escena de la figura del ídolo en condiciones que sean a su vez especiales, originales, inaccesibles.

Siempre hay una atribución de dolor en relación con el héroe y el ídolo. El ídolo se acerca a los simples mortales en que sufre. Sus dolores son públicos y no privados y con sus dolores "conocidos" se difunden los dolores del mundo. Son dolores emblemáticos muchas veces relacionados con el "venir de abajo" o "hacerse su propio camino". Hay algo de espíritu sacrificial, de redención en el ídolo. Suele por eso muchas veces tener un sino dramático. El ídolo que no deja de sufrir por serlo gana aun mayor legitimidad: sufre a pesar de ser lo que es y en eso "se nos parece": se acerca, se hace más tangible y humano a pesar de la distancia infranqueable, y por eso merece nuestra confianza. Sabe lo que es el dolor, conoce lo que es la vida.

Todo ídolo es de alguna manera la expresión de un conflicto y de una confrontación. Supone la lucha de un "representante del bien" contra "fuerzas oscuras". El enfrentamiento con algo o alguien y por lo tanto el compromiso y la lealtad con otros. Aquel que idolatramos oficia como nuestro representante en alguna lucha de la cual somos parte. Estamos así referenciados por alguien que sintetiza parte de ese conflicto. El ídolo se conforma —subjetivamente— en situaciones de lucha, en un escenario de enfrentamientos —incluso en las formas más sutiles—, en la posibilidad de la derrota o la victoria, de la conquista, del tributo. Es quien sintetiza —en términos estéticos, políticos, morales o simplemente cotidianos— una resistencia, una posibilidad de realización, una dirección valorizada positivamente en forma superlativa.

El ídolo es alguien que posee una magia especial, una luz particular, además de ciertas habilidades peculiares o destrezas, pero también es aquel que ha luchado, que tuvo coraje y perseverancia. Todo ídolo supone un pasado de fracasos superados. De ahí que sea ineludible el componente épico en la figura del ídolo. Por ser la constatación de una pelea ganada, todo ídolo se alimenta de versiones encontradas y de discusiones sobre su condición. Crece en la polémica y en las discusiones. Posee así sus grandes oponentes —de los cuales se nutre además de sufrirlos—, sus propios denostadores que, desde la mirada del idólatra, no son capaces de valorar en él su carácter extraordinario, o simplemente hablan desde la envidia.

La afirmación y defensa del carácter "ideal" e idolatrado requiere mitos, leyendas, rituales específicos, que poseen un rol central en la construcción de identidades e identificaciones. Estos mitos y leyendas ponen en juego el tema de la creencia: todo ídolo exige creer o no creer. De ahí que implique discusiones y polémicas entre los creyentes y los escépticos, entre crédulos y agnósticos. El ídolo es también un núcleo o pretexto a partir del cual se instituyen narraciones, relatos, concepciones del mundo que tienen como sustento su originalidad y singularidad en tanto figura emblemática. Rumores a partir de los cuales el ídolo se recrea, se transforma, se potencia o se pierde.

La constitución del ídolo pone entonces en juego el tema de la creencia para la sociedad en la cual el ídolo se instaura. Su presencia o imagen llama a una discusión. Creer (o no creer) en alguien, en lo que ese alguien hace, ha hecho o hará, en lo que dice, en lo que emblematiza, en lo que traduce.

El ídolo suele tener la capacidad de convocar significaciones diferenciadas. La idolatría se construye en forma constante y, por lo tanto, se transforma. El ídolo no es siempre el mismo o de una sola forma para todos, posee un carácter polisémico: adquiere sentidos diversos y variados, no es el mismo para todos. Puede significar cosas distintas —e incluso opuestas— en una misma época o en distintas épocas.

Los ídolos se construyen en función de determinadas necesidades históricas, contextuales, pero también íntimas, de los seres humanos. Los ídolos hacen posible lo "bueno", lo "divino", lo "bello" o lo "loable". Prueban la posibilidad de la perfección en la tierra. Existen distintos tipos de idolatrías modernas. Algunas asumen la forma de un club de *fans*, otras el comité de campaña de un candidato, otras el permanente seguimiento en un horario televisivo.

La estrecha relación entre el ídolo y la teatralidad que lo rodea se expresa en la dramaticidad de la caída. Caídas estrepitosas que se corresponden con la altura descomunal del ascenso de los ídolos. Ídolos que van del cielo al fango y que sufren "como el resto de los mortales" los dolores de la vida. Incluso más que el resto de los mortales, porque la caída es más pronunciada y más trágica: arrastra detrás de sí a todos quienes confían o confiaban en él. La caída del ídolo es la caída de un universo en el cual se ha habitado, un espacio familiar de certezas que amparaban. El desmoronamiento de un territorio casi mítico.

Dedico este triunfo a los votantes

Así, hablar de ídolos es hablar de identidades e identificaciones. En nuestro país todo ídolo oficia como portador del "ser argentino" o de la "argentinidad". La argentinidad parece estar entonces configurada a partir de los ídolos. En torno a este tipo de referentes se sostienen una historia y una cultura común. Existe, además, una imperiosa necesidad de construir una imagen, una escenografía hacia fuera. Es la búsqueda (no desprovista de ciertos complejos) de un reconocimiento a través de la difusión de lo propio hacia el afuera, por medio de determinadas imágenes públicas: imágenes que oficia entonces como símbolos o emblemas del "ser nacional". Seres descollantes, signos de un país que los ha hecho posibles, que puede (también) dar a luz estrellas únicas, seres incomparables. Tan identificada está la argentinidad con ciertos ídolos, que a los idolatrados los rodea el tabú de lo indiscutible: discutir a determinado personaje puede llegar a ser entendido como una muestra de antiargentinidad. Como una evidencia de oponerse al "ser nacional", a aquello que constituye la esencia de la nacionalidad.

De la misma manera que existen procesos de fragmentación social, cultural y económica crecientes (públicos, consumidores y receptores especializados), es posible pensar que en la actualidad se ha fragmentado y particularizado a su vez el proceso de construcción de ídolos: existirían idolatrías "paraguas", marcos de referencia comunes —comunes a diferentes sectores— y al mismo tiempo separados, por ejemplo, por cortes de clase o generacionales (que serían los casos de los ídolos musicales y/o televisivos). Es posible pensar que, sobre todo en las tres últimas décadas, se han construido los ídolos como oposición a los ídolos de otros. Oponiendo figuras a figuras, generando confusión acerca de qué es lo "auténticamente" idolatrable, relativizando determinadas legitimaciones, multiplicando las discusiones y las polémicas en torno a este tipo de figuras.

Los ídolos nacionales devienen en mitos cuando llegan a constituirse en iconos desprendidos de sus producciones particulares, alejados de lo que verdaderamente hicieron, dado que debe olvidarse la historia (no pueden recordarse los errores) para que se dé rienda suelta a la producción del líder. Gardel es mucho más que sus canciones, mucho más que su verdadera historia. Gran parte de las nuevas generaciones ni siquiera las conocen. Quizá ni siquiera podrían distinguir el timbre de su voz, pero conocen seguramente su imagen y sin duda identifican su nombre como emblema del país, lo cual muestra la existencia de una idolatría perenne.

141

San Martín aparece en este sentido como el ídolo fundante de la nacionalidad. Su imagen es la de aquel que posibilitó la constitución de la nación y de este modo unifica, aglutina, opera como referente común, como dogma incuestionable: ¿quién se atreve a dudar de San Martín? ¿Quién, siquiera, a preguntarse por sus errores, equivocaciones, dubitaciones, falencias? Su imagen se funde con la de la propia nación. La Argentina es San Martín. Discutir a San Martín sería discutir la nación, la pertenencia. Negar a San Martín sería negar a la patria, y la patria somos todos. San Martín somos todos. No podemos negarnos a nosotros mismos porque nos perderíamos, perderíamos nuestra posición, aquello que "nos define" y nos identifica haciéndonos únicos.

Los ídolos no se construyen a sí mismos, ni siquiera por las acciones que realizan o los éxitos que logran. Se requieren ciertos apologistas (como los apóstoles en el caso de Jesús), que cuentan sus proezas o que las interpretan y les dan visos de heroísmo o de hecho extraordinario. Pareciera que existen grandes dificultades para transmitir valores en abstracto: los niños son socializados con la idea de que a cada valor (por ejemplo: la fortaleza, el heroísmo, la incorruptibilidad, etc.) le corresponde inmediatamente un nombre. Y sobre todo un nombre "nuestro", alguien que por cercanía, por co-nacionalidad, prueba que todo valor es auténticamente nuestro. San Martín es entonces el paradigma del ídolo.

Los ídolos políticos de nuestro país siempre intentaron arrogarse y apropiarse de la nacionalidad. Ser idolatrado implicó siempre monopolizar la argentinidad, dejando a los oponentes el lugar de la antipatria, de lo no nacional. Los ídolos políticos se posicionaron en una dicotomía básica y terminante: eran ellos o el infierno, el caos, la nada. Y plantearon esos énfasis maniqueos a sus seguidores: "o yo o el caos", "o yo o la dictadura", "o yo o el régimen". "Me eligen a mí o eligen la mediocridad, la traición, la maldad." De esta manera, se presentaron como la única posibilidad, como la totalidad del universo posible a favor de la patria. Obviamente, toda referencia a la totalidad tiene puentes inmediatos con las zonas del totalitarismo.

Siempre los líderes políticos fueron empujados a (o asumieron) ser los auténticos representantes de la argentinidad. Y sus oponentes, por diferenciación, lo antinacional. El modo de posicionarse y de postularse en el imaginario colectivo ha tenido siempre contenidos discursivos relativos a la certeza de ser la persona elegida para poner a la patria en los "carriles adecuados". El líder político es ubicado bajo la bandera de lo colectivo, de las grandes empresas nacionales, del gran sacrificio patriótico en función del cual todos somos interpelados. El líder interpela a los sujetos en nombre de la patria, del bien común, de la concreción del "gran sueño argentino". Se instituye así como figura colectiva que condensa todos los caminos de la gran utopía nacional.

Todos los ídolos políticos se posicionaron en un lugar central de la historia de nuestro país: todos afirmaron que sus proyectos "cambiarían" la historia y auguraron profecías. Se afirmaron como quiebres y no continuidades de una historia política. Cada uno a su

143

manera buscó ocupar un lugar "idolatrable" afirmándose en valores que sólo ellos podrían defender: los intereses populares (Yrigoyen), los intereses de la clase trabajadora (Perón), la democracia (Alfonsín) y la modernización o la inserción en el conjunto de países del Primer Mundo (Menem). Todos estos valores fueron instituidos desde un lugar central, desde la mitología de un centro y una periferia, y también desde una teleología que supone sujetos (individuales o colectivos) "elegidos" por Dios, la Fortuna, la Historia, el Partido o el Destino, que se oponen a los restantes, sujetos (individuales o colectivos) no destinados a tal sitial de honor.

Una característica de los ídolos políticos de nuestro país es el "efecto tobogán". Todos cuantos fueron ídolos terminan más o menos "manchados" y generan desilusión en muchos de sus seguidores. Son como dioses que caen, o como mortales que disfrutan idolatrías limitadas, ligadas a modas, corrientes de opinión, cristalizaciones coyunturales o simplemente "idilios" más o menos momentáneos.

La política en nuestro país posee rasgos populistas. Supone un doble vínculo: por un lado la idolatría al líder, al elegido, por el otro lado una devolución de atenciones: la idolatría casi paternal que rinde el líder a sus seguidores, generalmente denominados como "pueblo". Este nexo, este vínculo que acerca al líder a la masa es lo que se quiebra cuando uno de los dos polos —aquel que es denominado como pueblo— se siente traicionado o considera que su "profeta" ha abandonado la lucha.

La política es tanto más violenta cuando necesita la constitución de enemigos para defender y sostener proyectos. Y en la historia de nuestro país, ha habido una profusa construcción de antagonistas. Los ídolos han ocupado el lugar de los grandes acusadores, de los

144

señaladores de enemigos. Se han posicionado —o han sido posicionados por sus seguidores— como profetas de la acusación, como develadores del mal. Quizás una de las metáforas más siniestras de nuestra historia sea esta función latente del ídolo político: la del gran *brother* que está para "cuidarnos" de esos diablos que andan dando vueltas y que él puede identificar con precisión. La unificación en nombre de un peligro o de un Apocalipsis ha sido una reiterada tentación del poder. Un rol que supone al gran padre que "ve" los peligros antes que la ciudadanía.

> La promesa es el sueño que los otros van a contribuir a realizarnos, y está atada a la desilusión. La promesa instala en el argentino un orden reparatorio: cumplir con una deuda, hacer justicia. Y por otro lado, le otorga al líder carismático la capacidad de hacerlo todo de modo mágico. La promesa estaría ligada entonces al retorno a un lugar imaginario del cual habríamos sido arrancados por la fuerza. Estaría asociada a la fe, más que a la razón, como motor de nuestras elecciones. A creer, y no a reflexionar.

Cuando suponemos que no somos partícipes necesarios de las circunstancias que nos tocan, la situación nos enfrenta a una ilusoria tranquilidad de espíritu. Pero en el fondo todos sabemos que los estados de depresión y las actitudes negativas se originan en que hemos intervenido, aunque sea pasivamente, para que las cosas sucedieran de determinada manera.

Un país que ha sufrido la dictadura, el autoritarismo y el abuso, donde aquellos que detentan el poder ejercen una brutalidad enorme sobre los ciudadanos, genera resentimiento, temor e inhibición. Y también enormes dificultades para encontrar referentes identificatorios, porque nos dejan anclados en el lugar de la víctima o nos impelen a identificarnos con la figura sádica y opresora de quien nos somete. La rebelión, la búsqueda del referente alternativo, aun cuando sea una rebelión contra el padre sádico, se produce desde una ola de violencia, porque es desde allí que se han inscripto las relaciones humanas.

Este modelo de sometimiento y de reintegración identificatoria frena cualquier desarrollo. Puede ejercerse de distinto modo, desde el engaño y la violencia sádica hasta la estafa, que es una sospecha constante en la Argentina. Pero, sobre todo, crea esa sensación de que no somos dueños de nada por derecho propio. Así, adquirimos la vivencia de una suerte de ilegalidad tácita. Por eso aquel que confió en el marco de las instituciones siente que perdió.

El prócer es distinto del héroe. El prócer es una oficialización del héroe a través de determinados datos que la historia presupone. Los datos son los triunfos, los de San Martín, los de Belgrano, y no su honestidad. El prócer disuelve al héroe. El prócer "procede" en función siempre de determinados logros que están grabados en la piedra. Podríamos conjeturar entonces que el argentino no tiene una visión de su héroe interno, de las cosas que puede lograr ni de su capacidad de renovación frente a los desafíos de la realidad.

De un deporte desconocido al más conocido de los deportes

Cuando Guillermo Vilas comenzó a ganar campeonatos y a destacarse en un país donde sólo un grupo muy selecto de personas jugaba al tenis, todo el mundo se lanzó a las canchas. Los padres impulsaban a los hijos para que dejaran los libros y se pusieran a entre-

146

nar. De pronto el tenis se convirtió en una monstruosa red competitiva. Los argentinos tuvimos entonces un Vilas y una Sabatini, y eso nos bastó para pasar en un instante del orden de la realidad al de la fantasía. Y cuando cayeron las grandes figuras, todas las casas de deporte que diariamente encordaban infinidad de raquetas se fundieron de la noche a la mañana. En ningún país del mundo la gente se convierte en adicta a una práctica por el simple hecho de contar con un campeón.

Suponemos que el triunfo es producto del trabajo individual y no del esfuerzo de una sociedad cuya ideología sustente o favorezca la emergencia de sujetos exitosos. En la Argentina, no existe una estructura organizada en ese sentido. Los ocasionales éxitos individuales demostrarían entonces la fragilidad de la estructura de la que son emergentes esporádicos.

La identificación con el ídolo, la necesidad de éxito, se expresan mediante la emulación. En los Estados Unidos, el hecho de que existan figuras idolatrables como Jordan no influye en absoluto en la cotidianidad de las personas. En cambio el argentino tiene una gran capacidad de fascinación (y un gran miedo de quedar excluido).

Muchas veces, el apoyo que se le brinda a un familiar o amigo que exhiba algo de interés o facilidad en un deporte se orienta a fines más mezquinos: que se convierta en el generador del éxito de todos. Es decir que no se trataría de admiración ni emulación, sino de una gran labilidad en las elecciones y los gustos, y del típico vaivén de ilusión-desilusión ante aquellas cosas que no se asientan sobre bases fuertes y reales, sino en meras ilusiones y fantasías. El triunfo del otro puede ser el mío el día de mañana; la ilusión consiste en identificarse con el éxito del otro sin haberlo protagonizado.

¿Por qué no prosiguió el tenis con la fuerza que tenía? Porque era una ilusión, y las ilusiones se destruyen cuando no existen figuras que las sostengan. En el momento en que el efecto de emulación se evapora la gente empieza a mirar hacia otro lado, y cuando el ídolo cae al puesto ciento cincuenta, todo termina.

Milagro argentino

Hasta hace algún tiempo, los jóvenes que se iniciaban en el fútbol provenían de los niveles sociales más bajos. Pero cuando comenzó a ser sinónimo de dinero, los sectores medios se lanzaron tras la número cinco, y hoy gran parte de los jugadores pertenece a estos sectores.

En el fútbol las trampas están permitidas en tanto y en cuanto no sean descubiertas por una sola persona: el árbitro. La sensación es que ha adquirido el carácter de un gran escenario, donde se ponen de manifiesto aquellas conductas que generalmente permanecen ocultas y que en otras áreas no serían aceptadas.

Pensamiento mágico y fantasía omnipotente se concilian en el fútbol. Maradona testimonia ese anhelo de omnipotencia y de logro espontáneo de un grupo de argentinos que tienen la fantasía de que todo lo pueden. Así, Gardel y la omnipotencia atentan tremendamente contra el esfuerzo, algo que en este esquema sería la confirmación de que no se es omnipotente.

Maradona como "hacedor" de la felicidad de los demás, de aquellos que no pueden, de todos los que no tienen su habilidad, vivió desde muy joven, casi niño, la presión de una magia que le fue dada como un "don". Y que él padeció en cierta manera como un tormento de exigencia sin límite. El ídolo y su público, este último con una voracidad rayana en el vampirismo, bailaron una danza macabra que arrojó a Maradona a los paraísos artificiales de la droga, donde todo es posible, donde no hay fracaso, donde no hay nada.

Ídolas de TV

Actualmente —y aquí hay una novedad con relación al "ídolo" clásico, que podía aparecer en los medios pero no era sistemáticamente construido por ellos—, toda figura que quiera construirse como ídolo recurre a variedades de artificios que la ayudan en la búsqueda de una imagen. Artificios del maquillaje o de la cámara fotográfica utilizados en función de modelos estéticos a los cuales todo ídolo, en mayor o menor medida, debe ajustarse.

La belleza aparece, con mucha frecuencia, como una cualidad que posee carácter esencial, no secundario, en la figura del ídolo. Pero, además, el carácter de exhibición imprescindible relacionado con su figura, sumado a la importancia creciente de la mirada, del ver y el ser visto en nuestra sociedad, refuerzan cierta tendencia en cuanto a una divinización o santificación de la belleza. Y se produce por lo tanto una constitución creciente de los ídolos desde el lugar de modelos de la perfección estética.

Nuestra sociedad lleva al extremo este reinado de las modelos: modelos actrices, modelos conductoras, modelos "periodistas", modelos que se desesperan por aclarar que "me estoy preparando", "estoy estudiando teatro con tal y cual", "empecé a hacer acrobacia y danza", tratan de tener cierta formación más integral para estar "a la altura" del lugar que la sociedad les otorga, de las posibilidades que les brinda.

La televisión en nuestro país ha aportado, a diferencia del mundo más bohemio del teatro, del periodismo radial o el gráfico, o intelectualizado de los cinéfilos, un perfil más próximo: la TV siempre se llevó bien con las fiestas y la farandulización. De alguna manera, la TV y sus productos tuvieron más sensibilidad para captar "recursos humanos" provenientes de la publicidad, del mundo de la moda y de los transeúntes del *jet set* nocturno.

Mujeres que se posicionan como heroínas del consumo, como divinidades modeladas en soledad o en el mérito individual: no le deben nada a nadie. Las "ídolas" de hoy —a diferencia de las de ayer— son mujeres que no son segundas de ningún hombre. Son la representación de las divinidades griegas más que de las mujeres de la teología judeocristina. Demuestran conocer más del placer que del espíritu épico; saben más de la sagacidad que del coraje. Y no dudan en demostrarlo.

Son figuras de belleza que exhiben arrolladoramente sus virtudes. Son explícitas y no sobrias. Si aman a algún hombre, eso aparece como una manifestación más de su individualidad y de su batalla contra la sutileza que se espera de una mujer. Son sacrificiales porque constantemente pretenden evidenciar su "renuncia" en relación con su mundo privado, con el servicio y en nombre de "su público, sus seguidores", aquellos que verdaderamente las quieren. Se deben a sus seguidores, porque son ellos con sus miradas quienes las convierten en objetos de deseo y en convocadoras de mayores públicos y *ratings*.

> La imagen de estas mujeres endiosadas debe tener visos de perfección estética, debe ser territorio que cautiva y convoca, que se distingue como un haz luminoso capaz de retener las miradas. De allí la carrera contra el tiempo y el paso de los años, la imperiosa necesidad de contravenir lo que es constitutivamente dinámico y simular una corporalidad detenida y petrificada, acorde con el modo de ser de la imagen idolatrada.

Mirtha Legrand es la diva que llega a nosotros de la "época de oro" del cine argentino, viuda de un director prestigioso, devenida en periodista incisiva, "interrumpidora" y hasta un poco irónica, aunque siempre atenta y cordial. Su imagen es la de la gran anfitriona con fuertes componentes narcisistas, que no aparecen como centrales en otras figuras. Con escasa capacidad para reírse de sí misma, "la Legrand" ofrece, sin embargo, una imagen de mujer firme en sus opiniones, fina y delicada, capaz de manejarse con corrección en cualquier situación. Una mujer que no sabe callar lo que piensa, y que por lo tanto resulta un poco avasallante, con una personalidad fuerte pero medida. Una imagen que es admirada-idolatrada en tanto expresión de una fuerte personalidad y en tanto portadora de una gran vigencia en muchos sentidos. "La gran dama", "la señora" de la televisión argentina, convocada para prestigiar eventos.

Susana Giménez, en cambio, más que prestigiar, convoca. Su elegancia es más cercana, más fresca y "canchera", como ella misma suele afirmar, y emplea un vocabulario relajado y poco formal. Incluso se da el lujo de que todo un continente la vea diciendo "malas palabras" cuando pasan sus "perlitas". Mirtha Legrand es, por el contrario, la que aconseja que no se digan malas palabras en la tele. "Queda feo, y más si son dichas por una mujer."

"Su" dice malas palabras, se ríe de sí misma y permite que los otros se rían de sus metidas de pata y sus comentarios fuera de toda lógica, teatraliza la simplicidad mostrando una supuesta realidad "transparente". Ella se constituye en la transparencia de la simplicidad, en la mujer que siendo ella misma, siendo moderna, emprendedora y libre de las presiones de la doble moral, ha tenido los hombres que ha querido y ha gozado del éxito.

El ídolo está allí, a mano. Con sólo apretar un botón su voz se dejará oír, sus ojos nos mirarán, sus palabras articularán nuevos sentidos. Además, es posible —por el mismo o por otros múltiples medios— constatar permanentemente la existencia de otros seres que idolatran: otros con los cuales se comparte la idolatría, y que ofician como certeza de permanencia de dicha idolatría.

Tenerlo todo

Existe una tendencia creciente a incorporar como rasgo sustancial de "lo idolatrable" cuestiones relativas al status, el éxito, la fama, la fortuna, la facilidad para la conquista sexual desde un lugar de privilegio constituido por todos estos elementos. En este sentido se puede hacer referencia a ciertos "rituales del status", que podemos relacionar muy directamente con la constitución del ídolo en el espacio social actual. Así, aparece el tema del dinero: el omnipresente y desnudo poder del dinero en la cultura. Una "cultura del dinero" que podemos pensar como condicionante básico del ídolo de hoy.

Desde esta perspectiva, el ídolo contemporáneo es aquel que se ubica, en muchos sentidos, en un lugar privilegiado del espacio social. Espacio en el cual el dinero está presente como un eje fundamental en el establecimiento de distinciones y en la construcción de un status diferenciado. Dinero que importa en tanto evidencia y constatación de una determinada situación de "superioridad".

Todo ídolo contemporáneo se constituye en mayor o menor medida en esta "cultura del dinero", y debe formar parte obligada de lo que se define como "el circo de la ambición". (La palabra "circo" es interesante porque remite a una puesta en escena, a una espectacularización de la distinción y de la ambición.) El ídolo se constituye formando parte de esto, en un ámbito de escenificación constante de los privilegios, de lo que se posee, de lo que se puede poseer.

Podríamos hablar de las grandes fiestas de la farándula como una estrafalaria exhibición de la riqueza. Aquí el carácter de ídolo se relaciona con aquel que exhibe, que muestra (su dinero, su poder, su belleza, su capacidad de...), que en algún sentido participa del circo, la puesta, la gala. Aquel que puede, además, acceder a estos lugares de exhibición a gran escala, que es convocado, considerado uno más en el "circo" de la ambición, la suntuosidad, la abundancia, la euforia.

Los ídolos de hoy son entonces ricos y famosos. Esto aparece como un lugar insoslayable en la figura de los ídolos contemporáneos. Hay una situación de privilegio que aparece como constitutiva de la figura de ídolo. Y esta situación de privilegio implica cuestiones de poder:

* Puede *decir*. Posee un discurso identificable. Posee los medios como para hablar y para ser escuchado. Puede opinar. Puede hacerse oír. Puede comunicarse fácilmente con una inmensidad de seres anónimos que, como contrapartida, se ven escasísimamente posibilitados de llegar a él.

* Puede *estar*. Puede estar en lugares de privilegio, en instancias o situaciones validadas socialmente como legítimas y positivas. Puede estar, además, en un sentido geográfico, en cualquier parte del mundo, en diferentes acontecimientos; aparece como alguien para quien las posibilidades de traslado son múltiples, la geografía no posee limitaciones y el universo es literalmente más amplio y accesible. Su vida es entonces percibida como más extensa y abarcativa. Menos restringida, monótona y rutinaria. Puede estar, además, con quien quiera.

* Puede *hacer*. Puede efectivizar mucho de lo que en lo cotidiano de las personas "comunes" podría quizá resultar ridículo o desubicado, inadmisible. Puede hacer lo que desee y lo que necesite, porque posee medios como para ello, tanto materiales como en lo relativo a ciertas capacidades particulares, consideradas "naturales" en él.

* Puede *ser*. Ser lo que desea. Autoconstruirse de acuerdo con sus necesidades físicas e intelectuales, hacer efectivos sus deseos con relación a la búsqueda de la propia imagen. Puede "ser alguien" en el ámbito social, destacarse, ser mirado, objeto de deseo, en muchos y variados sentidos. Puede ser patrón (patrón de medida) y modelo imitable.

Así, el ídolo aparece como la posibilidad de identificar a una persona con mucho de lo que se sueña o se desea, dado que habita en un territorio al que no es posible acceder.

La bola de cristal
(El futuro de la clase media argentina)

La primera pregunta que debemos hacernos es si perseguimos un futuro como sinónimo de cambio, transformación, diferencia, o si por el contrario el futuro será reiteración de lo mismo. En síntesis, si lograremos que lo acontecido a lo largo de estos últimos años tenga un efecto mutativo sobre el funcionamiento de nuestra sociedad o si, en cambio, todas las cosas que han sucedido habrán sido absorbidas y neutralizadas por aquella inercia psicosocial que durante tanto tiempo azotó a los argentinos.

Las condiciones para el cambio consisten en una incomodidad por la situación en la que uno se encuentra, una pregunta acerca del porqué de un malestar, la búsqueda que implica un esfuerzo para entender qué nos retrasa o nos estanca en ese espacio de sufrimiento, y una voluntad con coraje, audacia e inteligencia para revertirlo. Si están ausentes el malestar o la pregunta, el esfuerzo para bucear en el conflicto, o la inteligencia y la audacia para poner en marcha los cambios, el futuro será únicamente la reiteración indefinida de esquemas conocidos.

Vacuna contra las agresiones

Algunas señales nos harían suponer que estamos en presencia de cambios. Una de ellas es la posibilidad

155

de vivir en libertad. En un principio, la democracia se manifiesta en la libre circulación de la información, pero no necesariamente esta información conlleva un cambio en las conductas. Sin embargo, más de quince años de democracia nos han brindado la posibilidad de relacionarnos sin miedos ni prejuicios, y la información transformada en un vehículo de cambio comienza a aparecer como una luz en el horizonte.

El otro punto importante es una ventaja que plantea la globalización. Hemos hablado muchas veces de las desventajas, de los lenguajes únicos que se multiplican en las diversas regiones sometiéndolas por esa vía. Pero hay también un aspecto en el que la globalización significa un cambio positivo, y es que ésta nos permite acceder a otras modalidades de vida y comprender otras formas de relación vigentes en distintas comunidades y sociedades. Aun cuando dicha comprensión se lleve a cabo con resistencias y roces, nos ayuda a diferenciar comportamientos que, eventualmente, nos permitirán descubrir resultados más positivos que los nuestros. Incluso van cayendo en desuso ciertos mitos e ideas preconcebidas, lo cual permite objetivar adecuadamente el afuera y diferenciar comportamientos, así como realizar una más que saludable autocrítica. A partir de allí, el cambio aparece, si no como algo seguro, sí como una posibilidad cierta.

Los argentinos hemos conocido en la época del Proceso militar un monstruoso nivel de violencia y todos hemos sufrido, de distinto modo, dicha violencia. No obstante, este nivel de sufrimiento se convirtió, en un momento dado, en una especie de señal de alarma frente a futuras situaciones que pudieran asemejarse.

En el pasado, los golpes de Estado llegaban uno tras otro, y si bien estaban cargados de violencia, no habían logrado "vacunar" a los argentinos frente a la reiteración de situaciones autoritarias y opresivas. Lo que ocurrió a partir de 1974-75 en adelante entre la subversión y el terrorismo de Estado llevó a que nos mantuviéramos alertas ante la posibilidad de cualquier tipo de solución que ubicara a la violencia como su herramienta fundamental.

Hoy todos sabemos que ni la violencia ni los dogmas autoritarios y represivos podrán volver a influir de modo determinante en la comunidad, ni será la panacea del autoritarismo opresivo y salvaje, entre violento y payasesco, la que nos brinde la solución. Es en este sentido que decimos que se ha producido un cambio importante.

Lo que queda como campo de batalla fundamental, y sin lo cual estas luces de esperanza serían muy tenues, es la necesidad de hacer prevalecer la norma, la ley suprapersonal y la circulación del auténtico respeto por el semejante, lo cual hará de los derechos y deberes la carta de juego entre los ciudadanos y su moneda de intercambio personal. Todavía estamos lejos de comprender que la anarquía de nuestros impulsos individuales no puede gobernar nuestro comportamiento. Esta energía lesiona cualquier posibilidad de cambio, lo mismo que la omnipotencia infantil que nos supone como ajenos a las normas, vale decir, como sujetos con múltiples derechos y ningún deber. Mientras esto continúe, estaremos lejos de cualquier posibilidad de cambio.

Existe una idea que se ha instalado en el pensamiento de los argentinos y es que la inercia, la irreversibilidad de lo que ocurre, es absolutamente inmutable y que, por lo tanto, ningún esfuerzo puede modificar las situaciones. Eso proviene básicamente de la ausencia de la trama solidaria. En la medida en que exista un reconocimiento del otro, en la medida en que tengamos en claro que nuestros derechos son proporcionales al respeto por los deberes, tendremos menos caprichos coyunturales y más derechos auténticos.

En tanto el semejante adopte la categoría de tal, y desee ubicarse en un plano de alianza con nosotros, inevitablemente esta solidaridad empezará a efectivizar los cambios y a quebrar la inercia y el estancamiento brutal que sufrimos los argentinos.

La solidaridad se logra a través de sistemas múltiples: en primer lugar, a través de la enseñanza precoz en las escuelas, en la familia, en los organismos comunitarios, educación que deberá orientarse al orden formativo-preventivo; en segundo término, lo terapeútico; vale decir que cuando este orden quede lesionado o agredido, se deberá aplicar la medida correctiva que corresponda con la firmeza que merece; y por último, la rehabilitación, lo cual significa que una vez que ha sido penada la infracción, el infractor no solamente debe ser reprendido sino también educado mediante una enseñanza que lo convierta, no en un sujeto obediente por la acción refleja frente al temor, sino en un individuo capaz de internalizar una norma.

Lo mismo un burro que un gran profesor

Insistiendo en la famosa caracterización propuesta por el Primer Ministro británico Anthony Blair acerca de la justicia social y la educación como sinónimos, los argentinos pareciera que empezamos a tener noción de que vivimos en un atraso educativo fenomenal. Sabemos que el progreso es siempre un orden de relación y de comparación, de modo que si ciertos países avanzan mucho, nosotros llegaremos a la Edad de Piedra. En la medida en que los argentinos tengamos conciencia de este tremendo déficit educativo, algo de esto podrá empezar a germinar.

Una educación democrática implica igualdad de posibilidades, y solicita un Estado atento que dé más a los que menos tienen y subsidie las diferencias generando posibilidades de realización en los distintos segmentos sociales. Por eso decimos que la educación está ligada a la solidaridad. Si esto que empieza a alumbrar en algunos sectores argentinos consigue expandirse, tendremos una materialización de la solidaridad que estará íntimamente vinculada a su consolidación en otras áreas y a la posibilidad de un cambio mutativo.

> Los argentinos hemos creído en el mito de la universidad de la calle, en el talento de la improvisación, en la omnipotencia del deseo, en la fuerza del capricho, y de ese modo desatendimos la constancia, la paciencia, el paso a paso, que hacen del progreso humano un transitar pautado y pausado, y que, cuando se realiza de este modo, es fuerte y estable.

Otro cambio significativo es que se ha terminado con la teoría paternalista del líder idealizado. No es casual que hoy no encontremos supuestos líderes carismáticos e invencibles. Lamentamos no haber hallado todavía, en su reemplazo, dirigentes eficaces que conviertan las ideas en el timón de su accionar y la honestidad en una de sus herramientas fundamentales. Aún no hemos encontrado al dirigente a tono con el requerimiento de nuestra época, pero lo que en apa-

159

riencia se ha apagado por completo es la estrella carismática, el líder mesiánico, el hombre de la promesa imposible.

Se ha producido entonces una devaluación de la teoría del milagro, teoría según la cual las cosas en algún momento se nos van a dar más allá de nosotros. Si bien los programas televisivos agitan cada vez más la ventaja de los premios, el argentino medio pareciera saber ya que no es el milagro lo que puede producir el cambio, sino el esfuerzo inteligente, planificado y pautado.

Sería importante poder tomar modelos del exterior que nos ayuden a comprender estos procesos. Estamos queriendo dejar de ser los generadores únicos de las ideas, dejar de inventar la pólvora, y hemos empezado a importar ideas positivas, cuya efectividad ha sido probada con éxito en centros que trabajan de modo adecuado. Inspectores de Harvard, Columbia, Minnesota o Boston han venido a enseñarnos los nuevos modelos pedagógicos y a alertarnos acerca de las relaciones existentes entre la educación y el progreso, entre el conocimiento y un nivel de vida más aceptable.

Las estadísticas en este tema lo dicen todo, puesto que en los últimos años, el decrecimiento del nivel de formación ha sido espantoso. Cuanto menor sea el índice educativo, mayor será la posibilidad de desempleo y más bajo el salario; inversamente, a mayor educación, tanto el empleo como el salario serán superiores. Entre los universitarios medios, la desocupación es del 4%, y si se trata de niveles más sofisticados, con *masters* de posgrado, el porcentaje se reduce alcanzando apenas el 1% de desocupación. Entre aquellos que no han terminado el nivel secundario, el porcentaje de desocupación trepa a cifras exorbitantes (30%), así como también van bajando los salarios. De ahí que en países con muy un escaso índice de educación los sueldos son mínimos, y muchas empresas los eligen para producir. Si en los países asiáticos el nivel de ocupación es elevado, lo es al precio de un salario paupérrimo. El progreso, el conocimiento y la tecnología requieren sujetos formados. En síntesis, si hay una llave que tiene que ver con la revolución del sujeto en el siglo XXI, esa llave es la educación.

Pero no pensemos únicamente en una educación terciaria adecuada, sino principalmente en los niveles de formación posteriores al bachillerato. Hay que impulsar las carreras intermedias, y desarrollarlas de modo serio y prestigioso, ya que las instancias de escaso reconocimiento generan desinterés y demanda insuficiente. De una vez por todas, hay que terminar con un bachillerato oprobioso como el que tenemos en la Argentina, con contenidos mínimos que convierten a los alumnos en analfabetos del desarrollo. El bachillerato debería tener un nivel de exigencia que aspirara a la excelencia y ser un lugar de entrenamiento de la norma, de la solidaridad, de la ley suprapersonal, del esfuerzo conjunto. La educación tiene que ser el primer espacio de creación de una mentalidad nueva, dicho esto no en términos místicos, sino en términos efectivos, reales y medibles. Una búsqueda constante y creativa.

Algo que los argentinos tenemos que trabajar en vistas del futuro son las nociones de memoria, perdón y transformación. Se suele confundir perdón con olvido y memoria con rencor, cuando en realidad se trata de cosas diferentes. Recordar es la única manera de perdonar, y el rencor siempre se refugia en la imposición del olvido y en la impotencia del reclamo.

Otro tema fundamental ligado al futuro y a la posibilidad de cambios, y que a los argentinos nos pesa por su ausencia, es la autocrítica. Ésta no tiene que ver con el autorreproche, con maltratarnos, sino con querernos; tiene que ver con bucear en nuestros errores para generar aciertos, y no con buscar nuestros defectos para humillarnos. Los argentinos hacemos una práctica melancólica del autorreproche, en lugar de un ejercicio optimista de la autocrítica. El melancólico no se exige porque da todo por perdido, en cambio, un individuo con autocrítica y con optimismo se exige porque se tiene confianza y aspira a la excelencia.

La ternura también es cultura

Los argentinos estamos empezando a superar la desconfianza que sentíamos con respecto a nuestros conciudadanos. Años de dictadura y de violencia generaron en nosotros unos niveles de aislamiento y de distancia tales, que atentaron contra la posibilidad de formar una trama solidaria. Esta desconfianza dio como resultado una desvalorización de los vínculos cotidianos basados en el cariño y el respeto.

> La cultura de la ternura brindaría amplios niveles de pertenencia, mediante los cuales dejaríamos de sentirnos excluidos, o formando parte de microgrupos donde la pertenencia es tan reducida que dichos grupos terminan siendo potencialidades enemistables con otros microgrupos. Una ternura que nos haga a todos partícipes de un proyecto general, cuyos puntos de contacto nos permitirían sentir que hemos alcanzado un grado de fraternidad, que es un bien escaso en la Argentina.

Respecto de esta cultura de la ternura, no olvidemos que se sostiene en la confiabilidad, también en el reconocimiento del otro, en la idea de pertenencia y en

162

la posibilidad de dejar de lado nuestros temores. El miedo de los argentinos, escondido detrás de cierta arrogancia y distanciamiento, ha generado profundos niveles de incomunicación disfrazados de soberbia —como si estuviéramos por encima de las necesidades— y nos ha dejado muy solos. La cultura de la ternura acompañaría entonces a la disolución de la cultura de la soledad.

Este sentimiento tiene su raíz en la carencia inicial de la inmigración, un tiempo en el que nada teníamos, y se ha entronizado como un acompañante de todos nuestros actos en la medida en que no logramos gestar una idea de pertenencia común en términos de esperanza. Soledad es siempre desamparo, desamparo siempre es dependencia, y la dependencia busca refugios que, cuando no media una elaboración adecuada, son siempre tiránicos.

La sensación de que todo tiempo pasado fue mejor no alude al pasado concreto, medido en años, sino a un pasado imaginario, el supuesto paraíso, de donde el argentino habría sido expulsado. Así, el pasado está teñido de recuerdos dibujados a voluntad desde el presente, de ahí que siempre medie la nostalgia. El pasado es siempre un tiempo teñido de recuerdos y deseos que son más propios del aquí y ahora. Es en este sentido únicamente que puede decirse que todo tiempo pasado fue mejor.

La aventura de ser argentino

El crecimiento no es una alternativa de la existencia, sino su condición indispensable. Ningún pueblo o comunidad se mantiene vigente si no es en constante desarrollo. Hoy, la ensoñación ilusoria de grandeza del argentino ya no se sostiene. El principio de realidad impone esfuerzo, paciencia, trabajo y, fundamentalmente, el reconocimiento del otro. La noción de semejante, la idea de que el ser humano lo es únicamente en relación con otros seres humanos, impone renunciar a las ilusiones y los sueños de omnipotencia, para poder iniciar un trabajo que apunte a la posibilidad de una gratificación real. Deseo y utopía constituyen metas simbólicas y son el motor de los cambios, pero el trabajo será fecundo sólo si se lo realiza desde el esfuerzo.

> La idea es terminar de una vez por todas con la ficción alucinada de una supuesta superioridad y empezar a descubrir nuestras posibilidades de crecimiento genuino. En último término, es un proceso de desarrollo en el que el principio de realidad, la reflexión, la paciencia, la capacidad de tolerar una frustración y de aprender de las experiencias van de la mano de la supervivencia.

Hablar sobre las conductas del argentino es hablar de una aventura. Este término tiene dos acepciones: una de ellas reconoce un matiz que la aproxima a lo azaroso, a un camino donde no todas las variables son conocidas, e implica un desafío. En este contexto, designaría todo aquello que en el pasado constituía el accidental y complicado destino del ciudadano. Pero esta palabra hoy parece signar un aspecto positivo del futuro, donde las variables irán integrando las circunstancias de crecimiento, y estarán siempre conectadas con elementos integradores que aún no conocemos.

El concepto de aventura estaría ligado en este caso al de crisis, entendiéndola como oportunidad, según la acepción de los orientales. En nuestro idioma, crisis implica transición, momento en que lo que era deja de ser para pasar a ser otra cosa. En consecuencia, habrá que dar nacimiento a una nueva Argentina, la del individualismo responsable, la de la noción de semejante, y cuyo imperativo sea el crecimiento como herramienta fundamental.

Hay un país por inventar y una argentinidad por apropiarnos, quitándosela no sólo a nuestros aspectos neuróticos sino también a ciertos personajes que impedían que nuestros costados sanos pudieran reinventarla. Esta segunda conquista, o tercera fundación, consiste también en trabajar contra la viscosidad de los viejos prejuicios, que residualmente se adhieren y se niegan a abandonarnos.

En el nuevo milenio, la Argentina nos requerirá para situarnos de otro modo en la relación con nuestros semejantes.

Notas

¹ Rorty, Richard (1931): Filósofo asociado al pragmatismo, quien critica la pretensión que la filosofía ha tenido, desde la modernidad, de fundamentar el conocimiento, la ciencia y la cultura.

² Nussbaun, Martha: Filósofa norteamericana que trabajó el tema del cosmopolitismo y el nacionalismo en la globalización.

³ Althusser, Louis (1918-1990): Uno de los representantes del estructuralismo francés, junto con Lévi-Strauss, Michel Foucault, Jacques Lacan y Roland Barthes.

⁴ Lipovetsky, Gilles (1944): Obras principales: *La era del vacío*, *El imperio de lo efímero* y *Crepúsculo del deber*.

⁵ Eco, Umberto (1932): Semiólogo. Autor de *Obra abierta*, *Apocalípticos e integrados*, *La estructura ausente*, entre otras.

ÍNDICE

Prefacio para ser leído 11

**Introducción al pensamiento mágico argentino
(Un diagnóstico para prevenirse de las
ilusiones)** 13
    Al gran pueblo neurótico, salud 14
    Figuras carismáticas, se buscan 16
    Viejo, mi querido viejo 19
    Paraíso a la argentina 20
    "Nosotros no comemos vidrio" 22
    Río por no llorar 23

**Buenos Aires, la capital del Brasil
(Identidad más que reservada)** 27
    La *Odisea* argentina 28
    Los parientes pobres 30
    Arenales y Callao, París, Londres... su ruta 33
    ¿Y a vos, quién te conoce? 35
    La mejor carne del mundo 38
    Apartheid industria argentina 39
    Gaucho porteño 42
    Un argentino es un uruguayo... con delirio
    de grandeza 45
    Argentino hasta la muerte 46

**¿Quién se atreve a ser un *winner*?
(Un tratado sobre la envidia)** 51
    ¿Donald Trump conocerá la envidia? 51

Deme dos... y, por qué no, tres 52
Lo mío es mío y lo tuyo... también es mío 57
Ni el tiro del final 59
Todos contra uno 62
La soledad del argentino (pero no
la de Arequito) 64
El buey solo bien se lame 66
¿Quién se atreve? 68

El vivo vive del zonzo
(La corrupción al poder) 71
El discreto encanto de la ilegalidad 72
Pasar por tontos 73
¿Ser o no ser... corruptos? 75
Ni derechos ni humanos 77
La mancha venenosa 80
Qué económicas son las balas 82
Financistas de la política o *joint venture de luxe* 86

La NASA no queda en Buenos Aires
(Educación y excelencia: una pareja
en aprietos) 89
Vamos que venimos, o sobre los deformadores
de opinión 89
Muñeca brava en Kosovo 92
Y usted, ¿qué opina? 94
La triste historia de Pepito Pérez y la modelo ... 96
Lo atamos con alambre 97
Lo inventé yo 100
Sólo sé que solo no sé nada 102

La gran familia argentina
(Un llamado a la solidaridad) 109
¿Y a mí por qué me miran? 111
Cuando en el cielo pasen lista... 115
Cómodamente insensible 117

El primero te lo regalo... 119
Gateando por la historia 120
La ñata contra el vidrio 121

**Si hay miseria, que no se note
(Sexo, mentiras y fideos)** 123
La clase media va al infierno 123
El noveno mandamiento 124
Más que novela, el culebrón familiar 125
Quiero vale cuatro 126
El silencio es salud... 127
Correr la bolilla 128
Se dice de mí 130

**La mano de Dios
(Los argentinos y los ¡ídolos!)** 133
Cuestión de fe 133
Un traje a medida 136
Dedico este triunfo a los votantes 140
De un deporte desconocido al más conocido
de los deportes 146
Milagro argentino 148
Ídolas de TV 149
Tenerlo todo 152

**La bola de cristal
(El futuro de la clase media argentina)** 155
Vacuna contra las agresiones 155
Lo mismo un burro que un gran profesor 158
La ternura también es cultura 162
La aventura de ser argentino 163

Notas 167

Esta edición de 2.000 ejemplares
se terminó de imprimir en
Artes Gráficas Piscis S.R.L.,
Junín 845, Buenos Aires,
en el mes de diciembre de 2000.